SeaEagle

SeaEagle

別跟自己過不去

你的演技不錯，尤其是假裝快樂

人生很短，不要再虧待自己！

Don't be too hard on yourself.

路上有石頭，繞過就好，幹嘛去踢它？

是不是自己不夠好，是不是自己什麼都不行？
你開始懷疑人生，開始討厭自己。
其實，你沒有錯，你很好！
不必為生活中的不完美和別人的抱怨，
而跟自己過不去。

練出馬甲線的**阿潔**/著

前言：如何面對不完美的人際關係？

一個人痛苦，不是因為他擁有太少，而是因為他欲望太多。一個人快樂，不是因為他得到很多，而是因為他計較很少。

有一種莫名的負荷是生活的壓力，有一種莫名的痛苦是心累。這句話，我想就是現在大多數人生活狀態的寫照。我們每天要面臨的東西太多了，吃穿住用行、工作、家庭、孩子、父母、親人、朋友……但是我們不能因為壓力和疲憊就止步不前，等待命運的拋棄，我們只有選擇帶著疲憊的心在壓力中輕裝前行，才可以找到一片屬於自己的天地。總之，我們凡事不要跟自己過不去。

但是生活中有許多人經常跟自己過不去，因為生活帶給他們的壓力而無法承受，就發生許多慘不忍睹的悲劇。例如：有些人因為股票一夜暴跌，虧損嚴重，就從大樓頂層縱身一躍，結束自己的生命。有些人因為不被信任，受到質疑，為了證明自己的清白，也選擇自尋短見。也有一些學生，因為考試成績不好，或是家長給的壓力太大，也選擇輕生。是啊，生活壓力大，學習壓力大，但是這些壓力是從哪裡來的？

這些壓力雖然有外界的，但是真正摧垮自己，讓自己選擇輕生的還是自己。因為股票大跌，賠了很多錢；因為不被信任，受到質疑；因為考試成績不好，沒有臉見人……其實，這些都是自己給自己太多的壓力，沒有必要這樣。做不好，但是也要快樂；賠錢了，就從頭再來；沒有考好，下次努力；受到質疑，就走自己的路，讓別人去說吧……我們不必眼紅別人的成績，嫉妒別人的名利。是否曾經想過，別人有沒有嫉妒你，羨慕你？所以，我們要學會看，看自己的優點；學會聽，聽自己的心聲；學會想，想自己所想；學會說，向自己傾訴。

除此，人們還有一種苦惱——超過自己能力的苦。一個人的能力是有限的，如果想要得到超過能力之外的東西，簡直就是折磨自己，跟自己過不去。**其實，靜下心來仔細想想，生活中的許多事情，不是你的能力不強，而是因為你的願望不切實際。**我們的一生中，期望與現實經常會發生衝突。我們期望的，未必可以獲得；我們可以獲得的，未必是所期望的。雖然很殘酷，但這就是真實的生活，生活的真實性。

我們要相信自己具有做各種事情的才能，但是相信自己的能力不是強求自己去做一些做不到的事情。事實上，世間任何事情都有一個限度，超過這個限度，很多事情都可能是極其荒謬的。**我們應該經常肯定自己，盡力發展自己可以發展的東西，剩下的，就安心交給老天**。只要盡心盡力，只要積極地朝著更高的目標邁進，我們的心中就會保存一份悠然自得，也不會再跟自己過不去，責備和怨恨自己，因為我們盡力了。即使在生命結束的時候，我們也可以問心無愧地說：「我已經盡自己最大的努力。」就是真正的此生無憾！

所以，凡事不要跟自己過不去。要知道，每個人都有一些缺陷，世界上沒有完美的人。這樣想來，不是為自己開脫，而是使心靈不會被擠壓得支離破碎，永遠保持對生活的美好認識和執著追求。

本書用通俗的語言，將人生淺顯而深刻的生活哲理向你娓娓道來，希望它可以讓你重新感悟人生的真諦和美好，拋開過去，擁抱未來，不計較、不糾結、不強迫，做喜歡的自己，活出自己的快樂和精彩。

目錄

一第2章一
不必被過去所羈絆，人生永遠有選擇的可能性

一第5章一
點燃自己靈魂之光的，是困苦的境遇或事件

第8章 什麼都想要，什麼也得不到

一第9章一 淡定從容，以知足的方式過生活

後記

HRRRR

—第1章—

為什麼自卑感總是揮之不去？或許是因為，我們缺少接受被別人討厭的勇氣

Don't be too hard on yourself.

為什麼我們越來越敏感？為什麼自卑感總是揮之不去？為什麼我們總是在意別人的看法？為什麼現在無法真實感受到幸福……這一切或許是因為，我們缺少接受被別人討厭的勇氣！作為個體心理學的創始人，阿德勒用自己堅強的一生，向我們證明不要被眼前的困境束縛自己，不能相信當下的困境就是自己的一生，而是要勇於突破，大膽創造屬於自己的生活。

因為自卑，所以有發展

在阿德勒看來，人類的上進是出於對所處現狀的不滿意所產生的使自己向更高一層努力的動力。當然，這種對現狀的不滿，會在不同程度上使我們產生自卑感。但是只要保持勇氣，我們就可以透過改善處境這個直接而現實但是最有效的途徑來擺脫自卑感。**所以他說：「正是因為沒有人可以忍受一直活在自卑感之中，就會迫使自己進入一種要求某種進步的緊張狀態之中，才可以使我們自身不斷趨於完美的同時，無形中為社會的發展貢獻力量。」**他又說：「自卑感和追求優越密切相關，是表現在每個人身上的。追求優越，正是因為我們感到自卑，所以才會力圖透過富有成就的追求來克服這種自卑感。」

確實，如果一個人在看清自己處境不如意的時候喪失勇氣，後果將會是慘烈的。他不認為腳踏實地的努力可以改善處境，將自己陷入難以承受的自卑感之中。雖然他還是會努力地設法擺脫它，可是採取的方法似乎總是對他無所裨益，獲得的效果也是細微的，細微到他認為自己的生活是停滯不前的。這個時候，自卑感成為一種危險的情緒，讓他陷入一種消極被動的局面，變得安於現狀，滿足於曾經的成績，止步不前。但是周圍同伴的進步和社會的發展，只會讓他的自卑感越積越多，因為情境仍然一成不變，曾經的問題也依舊存在。這個時候，各種問題也會以日漸增大的壓力逼迫他，將他推向一個危險的邊緣，這是一個任何人都不願意面對的境地。

所以，面對每個人都有的自卑感，鼓起勇氣去消除它，才是最好也是唯一正確的方法。

阿德勒說：「自卑感本身並不異常，它是人類處境得以改善的原因所在，人類所有的文化成果都是基於自卑感。」他甚至說：「自卑感本身並不是問題，相反地，它是人類進步的原因。」我們都知道，擁有一定程度的自卑感不是一件壞事，正是這種自卑感促使人們追求更優越的地位和更完善的人生。

每個人都有對完美的追求，雖然我們都知道沒有人可以達到完美，但這也不是毫無意義的追求，因為不懈的努力可以使我們無限地接近完美。

正是因為渴望完美，我們才會對自己有些苛求。儘管已經取得很大的成就，卻不願意止步不前，有時候甚至會將自己陷入危險的境地，然後對自己抱怨：「我何苦這樣苛求自己？」但是離開這種境地之後，我們又會自覺地開始新一輪的征服。其實，這就是人類為何可以用軟弱的肉體去成為生物界主宰的原因。正是因為我們不斷地不滿，而後不斷地前進，才可以一次又一次地超越自己的極限。這種不斷的自我超越，不斷的對更美好的人生的追求，使我們走過茹毛飲血的原始時代，走過備受壓迫的時代，將來也會走進人類個體達到完全自由的時代！

自卑感使人們意識到自己的無知，意識到自己需要為將來有所準備，才有可能取得科學進步。科學進步是人類改善自己的命運，同時更瞭解宇宙，以及更好地與之相處的結果。因為面對動物爪牙的自卑，讓我們學會製作石器，並且瞭解聚族而居的重要；因為面對大自然風雷雨電的自卑，讓我們建築房屋保護自己；因為面對鳥兒翱翔天空的自卑，讓我們得以發明飛機。數不清的自卑感的存在，造就我們數不清的成功。**在面對自卑感的時候，我們需要的是——鼓起勇氣，勇敢地面對，因為人類所有的文化成果都是基於自卑感。**

身體缺陷不是自暴自棄的理由

我們無法選擇以怎樣的外在來到這個世界，但是我們可以選擇以怎樣的方式回應這個世界。許多身體缺陷但是取得巨大成功的偉人，用自己的親身經歷告訴我們一個簡單卻意義深刻的道理：面對生活的考驗，即使你是一個身體缺陷的人，也沒有藉口讓你只能選擇用錯誤的模式生活。

史蒂芬·霍金，著名理論物理科學家，被譽為當今最偉大的科學家之一，學生時期就展現對研究和操控事物的渴望。這種渴望驅使他攻讀博士學位，並且在黑洞和宇宙論的研究上獲得重大成就。但是事實上，在霍金大學畢業轉到劍橋大學攻讀博士，開始研究宇宙學以後不久，他就發現自己罹患會導致肌肉萎縮的肌萎縮性脊髓側索硬化症。由於醫生對此病束手無策，起初他打算放棄從事研究的理想，但是後來病情惡化的速度減慢，他立刻重拾心情，排除萬難，從挫折中站起來，勇敢地面對這次的不幸，繼續沉迷於研究，並且最終取得成功，寫出著名的《時間簡史》和《胡桃裡的宇宙》等相關著作。

許多人在遭遇霍金的境況的時候，都會茫然無措而意志消沉，而後消極終老，但是他依靠對自己熱愛的科學的執著與堅毅，依靠不屈的意志，創造一個奇蹟，同時也為我們證明殘障並非成功的障礙，不一定會導致人們選擇錯誤的生活模式。

「心理機制可以彌補人類身體的缺陷而迅速提供急救之路。這個不曾間斷的無力感的刺激，可以發展人類的預見能力和警戒能力，並且使人類的靈魂發展成今天這個負責思考、感覺、指導行動的狀態。」阿德勒在自己的著作中這樣說。

心理機制是人類潛意識裡的自我保護系統，類似人類生理上的免疫系統。個體感覺到自我受到攻擊的時候，內心會感覺到焦慮，而後自然產生的心理活動和行為動作，可以在一定程度上幫助個體抗擊受到攻擊的焦慮感。

如果從大自然的角度來看，人類屬於次一等的有機體，至少在肉體上說。人類的肉體的這種脆弱性及其帶給我們的潛在危險，使人類的意識中經常會出現自卑感和不安全感。這是一種恆常刺激，所以需要心理機制來彌補人類肉體上的天然缺陷。

在一般情況下，心理機制對我們的保護是在我們無意識下進行的。但是如果我們可以有意識地鍛鍊和使用它，它可以幫助我們的靈魂發展得更好，促使我們去發現更可以適應大自然並且在其中更好地生存的方式與技巧，進而盡可能地消除或減少生活中的不利情況。**值得注意的是，社會在人們對於心理機制的鍛鍊過程中發揮巨大的作用，因為一個人的社會經驗限制其自身的精神視野，而且一個人在成長過程中形成的生活風格也會影響心理機制的建設。**

常言道，健康的靈魂寓於健康的身體中。但這不是一個雙向唯一的答案，只要身體缺陷的人的心靈可以被訓練得足夠強大，就可以克服身體缺陷給自己帶來的問題，進而使健康的靈魂寄於其中。從另一方面來說，健康的身體也可能擁有不健康的靈魂，而且發生這種情況的機率很高。例如：如果一個人在童年時期遭遇許多讓自己受挫的事件，卻沒有得到積極的心理輔導，將會因此對自己的能力產生錯誤的理解，在之後的生活中遇到的任何挫敗，都會加重這種對於自己無能的認知，但這種認知一定是不健康的。

所以，阿德勒說：「健康的靈魂完全可以寓於有缺陷的身體中，只要這個兒童可以克服身體上的缺陷，勇敢地面對生活。」

學會自我認同，才會被認同

「缺乏自我認同的人，往往會特別重視別人對自己的看法，並且在為人處世上追隨群體的認同感，以免自己被排斥在群體之外。顯然，這樣會讓他以不客觀公正的眼光，並且帶有情緒性地來看待自己。如果他認為自己無法達到某個標準，就會產生被疏離的失落感和沮喪感。」阿德勒在《兒童的人格教育》中這樣說。

事實上，被群體的認同感所影響是一件很危險的事情，它不僅會使人們失去對自我的客觀認知，甚至會導致人們喪失自信，最終一事無成。可以說，聽信權威和盲目從眾的心理就是人們被群體性認同影響的直接反映。

自信和理智的人，對自己有客觀而充分的認識，並且有成熟的價值觀念和是非評判標準，不會讓別人的意見操控自己，不會讓群體的認同感影響自己的選擇，人們普遍把別人說的話和做的事作為自己說話和做事的樣板，他們卻可以脫離以人為中心的陷阱，圍繞問題和解決問題為中心展開行動。

在生活中，我們經常聽到有人說：「專家說要這樣做，我就這樣做。」此時，我們也會發現，說這句話的人往往是沒有多大作為的人。只有那些自信的人，才可以贏得證明自己才華的機會。

一八七四年十二月，俄國音樂家柴可夫斯基的《第一鋼琴協奏曲》寫作完成，他迫不及待地把這首曲子彈給當時俄國的鋼琴大師魯賓斯坦聽。讓他沒想到的是，魯賓斯坦當場將他嘔心瀝血得來的作品批評得一無是處，並且毫不客氣地指出，如果想要公開演奏這首曲子，必須要做徹底的修改。

魯賓斯坦是當時俄國音樂界的泰斗，如果他說一首曲子不行，這首曲子幾乎不可能獲得成功。然而，年輕的柴可夫斯基堅信自己的作品會獲得成功，他不服氣地說：「這首曲子，我一個音符也不會改，我就要按照現在的樣子，原封不動地拿去出版。」結果，他的《第一鋼琴協奏曲》在美國波士頓獲得巨大成功。

試想，如果柴可夫斯基沒有足夠的自信和理智，也許就會屈從於大師的「教導」，我們也許永遠沒有機會欣賞他那首經典之作。進一步來說，如果每個人只會在專家面前沉默不語或是盲目從眾，這個世界就無法進步，自信和理智是使人類文明得以進步的動力之一。

因此，阿德勒得出這樣的結論：「所有偉大理論的提出或是偉大成就的取得，往往都是擁有自信的人們敢於堅持真理和反對群體意見的結果。那些只會迷信權威的人只能隨波逐流，最終被淹沒在人類歷史的長河中。」

「股神」巴菲特的自信也超乎尋常的強大，所以他可以獲得無數人夢寐以求的成功。**有些人問起他投資的秘密，他曾經說：「要相信自己的判斷。我的投資完全取決於自己的判斷，只要是我感覺可以賺錢的股票，一定會大膽地購買。」**事實上，巴菲特經常對所謂的專家意見嗤之以鼻，他自稱是一個「完全不相信誰可以預測市場走勢的投資者」。

在社會中生存，自信不夠強的人們難免會被社會的主流意識所局限，這種主流意識就是群體性的認同。受到這種局限的影響，人們會在無形中培養一種盲目從眾的思維模式。對任何一個國家和民族來說，這是一件非常可怕的事情。

每個人都應該是自己思想的產物。可以想像，如果一個人總是把別人的話奉為「天經地義」，他的思想就會被別人影響，就會失去個性和自我，甚至變成別人的「傀儡」。因此，不要讓別人的意見禁錮我們的思想，不要讓群體的意見影響我們的意志，我們要善於傾聽自己內心的聲音，要用冷靜的思考保持自我人格的獨立。

我們已經得知，信心是導致成功的因素，包含很多表現形式，自我認同也是其中一種重要的表現形式。自信、獨立、堅守，具備這些素質的時候，就擁有強大的成功力量，擁有打造成功的利器。

敢於向自己的弱點宣戰

提升自己的時候，要學會揚長避短，有缺點就要及時改正。因為，人們想要不斷地提升自己，就要勇於找出自己的弱點，並且進行批評與反思。**阿德勒說：「要勇於向自己的弱點宣戰，深刻剖析自己的不足之處。透過當下的鍛鍊，學會在批評與反思中最大程度地完善自己，大大提高自身的素質和適應社會的能力。」**

許多傑出人士的成功之路，都是從「把困難當作挑戰」「把弱點當作對手」的自我激勵開始的。但是我們在實際的生活和工作中，卻經常遇到對弱點和缺陷視而不見，或是臨陣脫逃而畏縮不前的失敗者。他們之所以困頓不前，正是他們漠視弱點和逃避缺陷的性格造成的。

帕蒂年輕的時候，有一天，他來到巴黎附近的一座教堂推銷保險。他滔滔不絕地向一位老牧師介紹保險的好處，老牧師一言不發，只是很有耐心地聽他把話說完，然後用平靜的語氣說：「聽完你的介紹，絲毫無法引起我對保險的興趣。年輕人，先努力改造自己吧！」

「改造自己？」帕蒂大吃一驚。

「是的，你可以去誠懇地請教你的客戶，請他們幫助你改造自己。我看你還算是有頭腦的人，如果你按照我的話去做，將來一定會做出一番成就。」

帕蒂接受老牧師的教誨，於是策劃一個「批評帕蒂」的集會。集會的目的是讓別人可以坦率地批評自己，為此他確定下列三項原則：

集會上，每個人都可以暢所欲言，但是參與集會的人最多只有五個。

為了要讓更多人都有批評的機會，每次邀請的對象不能相同。

既然是自己主動邀請別人來，來者都是自己的貴賓，一定要熱誠地予以招待。

一切準備就緒以後，他立刻去拜訪幾個關係比較好的客戶，誠懇地對他們說：「我才疏學淺，又沒有上過大學，因此連如何反省都不會，所以我決定召開帕蒂批評會，懇請你抽空參加，對我的缺點加以指正。」這些人覺得這種性質的集會很有意思，很爽快地答應了。

帕蒂策劃的批評會終於如期開始，他覺得自己就像是砧板上的一塊肉，等著任人宰割。

第一次批評會就使帕蒂原形畢露：你的脾氣太壞，而且粗心大意；你太固執，經常自以為是，應該多聽別人的意見；你的個性太急躁，經常沉不住氣；對於別人的託付，你從來不會拒絕；你的知識不夠豐富，所以必須加強進修，以成為別人的「生活指導者」；待人處事，千萬不能現實和自私，也不能耍手段和花招，應該誠實……

他把這些寶貴的逆耳忠言全部記下來，並且以此隨時反省自己。此後，帕蒂批評會按月定期舉行，他發現自己就像一隻蠶，正在慢慢地「蛻變」。每一次的「批評會」，他都有被剝一層皮的感覺。經過一次又一次的「批評會」的洗禮，他把身上一層又一層的缺點剝下來。隨著缺點的消除，他開始進步和成長。

後來，他把在「批評會」上獲得的改進用在每天的推銷工作中，業績從此直線上升，成為一個優秀的推銷員。

帕蒂的成功，正好說明一個人應該不斷地向自己的弱點挑戰。挑戰自我，拿自己的弱點開刀，才是成功的關鍵所在。但是向別人挑戰容易，向自己挑戰困難。所以，阿德勒崇尚挑戰自我，崇尚向自己的弱點和缺點宣戰。**在阿德勒看來，真正想要成功的人就要學會「降服自己」，使自己成為一個「自勝者」，成為命運的主人。**

很多人都具有強烈的自尊心，甚至是自戀心理，他們不敢主動地發現自己的弱點，更難以接受別人對自己的指正，導致他們失去很多成長和完善的機會。所以，我們要學會自我反省和接受批評，每個人都有弱點，但是只有那些勇於承認自身弱點並且積極克服的人，才可以成為最後的勝利者。

換掉性格「木桶」中的短木板

阿德勒說：「性格比人性和人格的概念更廣泛，它既有天生和遺傳的因素，也有後天和社會的因素。我們只有準確把握性格決定行為的規律，才可以對性格與成敗的關係有深刻的瞭解。充分把握性格與生俱來的特徵和後天環境造成的變化，才可以準確把握人們的性格。」在這裡，阿德勒提出「優化性格」對人生的巨大作用。

生活告訴人們，只能尋求近似的完美，無法找到絕對的完美。在生活中的任何領域尋求完美，只是抽象、病態、無聊的幻想。然而，即使是這樣，也無法使我們抵抗完美性格的誘惑，這樣一來，就使我們不能忽視性格「木桶」中最短的木板。因為，即使構成性格「木桶」的木板都比較長，但是總有一塊相對比較短，產生決定意義的就是那塊最短的木板。

奧賽羅的天性是高貴、勇敢、溫和、大方，但是他的妒忌心和復仇心如果燃燒起來，竟然是那樣無法控制。他上了野心家伊阿古的當，殺死無比純潔的妻子苔絲狄蒙娜。然而，他意識到自己罪惡的時候，又無比地悔恨，毫不推卸自己的責任，最後毅然地毀滅自己，以生命來彌補自己不可寬恕的過失。

奧賽羅與苔絲狄蒙娜之間有偉大的愛，但是最終卻因為愛而毀滅自己。假如奧賽羅是一個明察秋毫的英雄，伊阿古誣衊他妻子的時候，他立刻察覺到而且懲罰這個壞蛋，就不會做出殺死妻子如此愚蠢的舉動。

有致命缺陷的奧賽羅被莎士比亞賦予靈魂和生氣，充滿性格魅力。但是在真實的人生中，假如性格裡有一塊類似於奧賽羅性格「木桶」的短木板，你的命運恐怕就不會那麼走運。因此無論如何，一定要換掉性格「木桶」那塊短木板。

要學會自我拯救性格，掩飾性格「木桶」那塊短木板，不給別人看，不會使「木桶的水」增加，更不會消除那塊短木板的致命隱患。因此，找到那塊短木板，並且堅決地替換它，是你的必然選擇。

破譯性格系統的「木桶效應」，換掉那塊短木板，就可以剷除性格中最大的弱點，性格系統最大的隱患將不復存在。

破譯性格系統的「木桶效應」，就要換掉最短的木板，就要剷除致命的缺陷。「蒼蠅不叮無縫的蛋」，沒有明顯性格缺陷的你走在通往成功的道路上，當然可以從容自在，不用瞻前顧後，畏首畏尾。

不必為「被批評」生氣

迂迴地表達反對意見，可以避免直接的衝撞，減少摩擦，使別人更願意考慮你的觀點，而不被情緒所影響。

每個人都有自己的觀點和看法，它支撐我們的自信，是我們思考的結果。無論是誰，遭到別人直言不諱的反對，特別是受到激烈言辭的迎頭痛擊，都會產生敵意，導致反感和厭惡，甚至憤怒和仇恨。這個時候，我們會感覺到氣竄兩肋，肝火上升，全身處於一種高度緊張狀態，隨時準備做出反擊。**其實，這種生理反應正是心理反應的外化，是人類最本能的自我保護機制的反映。**

阿德勒主張人與人之間並非縱向的人際關係，而是橫向的，人與人之間是平等的，所以我們即使是「被批評」，也不要生氣。工作中，有些人充滿信心，有些人謹小慎微。但是不管怎樣，突然受到來自主管的批評或訓斥，都會對情緒造成很大的影響。如果你正好處於被批評的行列，首先應該端正態度，不要對主管的批評表現出「不服」，你「不服」的倔強，無法改變任何局面。

受到主管批評的時候，反覆糾纏和爭辯，希望弄個一清二楚，這是很沒有必要的。確實有冤情，確實有誤解，怎麼辦？可以找適當機會進行解釋，點到為止。即使主管沒有為你「平反昭雪」，也不必糾纏不休。這種斤斤計較型的下屬，會讓主管感到非常頭疼。如果你的目的只是為了不受到批評，當然可以「寸土必爭」「寸理不讓」。可是，一個把主管搞得筋疲力盡的人，又何談晉升？

對有些人來說，由於歷事頗多，久經世故，可以臨危不亂，沉得住氣，不會立刻做出激烈的反應。而且，有些人還是有寬大的心胸，不會褊狹地受到情緒影響而意氣用事。但是，心中的不愉快卻是無法控制的，而且由於面子問題，往往會出現憤怒情緒。

過於直接的批評方式，會讓人自尊心受損，大失臉面。因為這種方式使得問題與問題以及人與人針鋒相對，除了正視彼此以外，已經沒有任何的迴旋餘地，而且這種方式最容易形成心理上的不安全感和對立情緒。你的反對意見猶如兵臨城下，直指對方的觀點或方案，怎麼會使對方不感到難堪？特別是在眾人面前，對方面對這種已經形成挑戰之勢的意見，別無選擇，只有把你打敗，才可以維護自己的尊嚴與權威，問題的合理性與否，早就被拋至九霄雲外，誰還有時間去追究和探索其中的道理？

古人主張以迂為直，事實上，間接的方法更容易使你擺脫其中的各種利害關係，淡化衝突或是轉移焦點，進而減少對方對你的敵意。在心緒正常的情況下，理智佔上風，對方就會認真考慮你的意見，不會完全反對你的意見。因此，有時候透過間接的途徑表達自己的意見，反而更容易被人接受。

每個人都會犯錯，每個人都有自尊心，有些問題不必採用直接批評的方法，用間接的方法來指出問題，效果反而會更好。

受到批評甚至訓斥，與受到某種正式的處分和懲罰是不同的。在正式的處分中，你的某種權利在一定程度上受到限制或剝奪。如果你是冤枉的，應該認真地申辯或申訴，直到找出真相為止，進而保護自己的正當權益。

沒有人會無緣無故發脾氣或是批評別人，主管之所以批評你，一定是你犯了某種錯誤。想要妥善地處理，就要坦誠接受主管的批評。

首先，你要瞭解主管批評你什麼。主管批評或是訓斥下屬，有時候是發現問題和促進糾正，有時候是出於調整關係的需要，告訴下屬不要太自以為是，不要把事情看得太簡單；有時候是與下屬保持一定的距離，突顯自己的威信和尊嚴；有時候是為了「殺一儆百」，不應該受到批評的人受到批評，代人受過……總之，瞭解主管批評你的原因，才可以把握情況，從容應對。

其次，虛心接受主管的批評。受到主管批評的時候，最需要表現誠懇的態度，顯示自己從批評中確實學到什麼，明白什麼道理。正確的批評有助於你明白事理和改過自新，並且以此為戒；錯誤的批評也有可以接受的出發點，因此批評的對與錯本身並無太大的關係，關鍵是對自己的影響如何。如果你妥善地處理，會成為有利的因素，會成為自己前進的動力；如果你不服氣而發牢騷，這種態度很有可能引發負面效應，使自己和主管的感情拉大距離。主管認為你「批評不起」「批評不得」的時候，也會產生「用不起」「提拔不得」的反感情緒。所以，正確看待主管的批評，受到批評不是壞事，透過受到批評的過程，才可以更瞭解主管，接受批評可以表現自己對主管的尊重。

最後，不要把批評看得過重。不要被主管批評一次就覺得自己一切都完了，從此一蹶不振，這樣會讓主管看不起。如果你把每次的批評都看得太重，甚至耿耿於懷，總是不服氣地在心裡較勁，以後主管可能不會再批評你，因為他不會再信任和重用你。

批評可能會使你的情感和自尊心以及在周圍人們心目中受到一定的影響，但是如果你妥善地處理，不僅會得到補償，而且會收到更有利的效果。相反地，過於追求明白是非曲直，卻會使人們感覺你心胸狹窄，經不起任何誤解，人們只會對你戒備三分。

HRRRR

第2章

不必被過去所羈絆，人生永遠有選擇的可能性

Don't be too hard on yourself.

人生重要的不是我們有什麼，而是如何運用我們擁有的東西。我們不必被過去所羈絆，因為人生永遠有選擇的可能性。我們可以真正放下過去的時候，之前的事情就不再重要。今天，不再是昨天的重複及延長，而是全新的開始。我們不需要變得與眾不同，只要做好喜歡的自己。

不為昨天而哭泣

人生由三天組成：昨天、今天、明天。如果你在忙碌的今天為了昨天的失敗或不幸而哭泣，你的今天就會只剩下淚水。試問，你的明天又將何去何從？

對於很多人來說，對於過去都無法釋然。站在時間的長河中，如果不把注意力放在美好的今天和明天，總是沉浸於往事中，是非常不明智的做法。**昨天依然和我們有關，但是希望不可能從昨天產生，生活的奇蹟永遠是今天的主題**。每天的太陽都是新的，不要對昨天念念不忘，無論昨天是輝煌還是黑暗，都已經成為歷史。作為已經翻過去的一頁，我們何必要花費精力去自責和悔恨？把握今天，為了明天而準備，而不是為了昨天而哭泣。

人生在世，不可能永遠風平浪靜。在現實的大海中航行，如果因為昨天的風暴而放棄今天的航線，那些人生的新大陸可能永遠不會被發現。成功人士亦是如此，翻閱那些偉人的傳奇歷史，幾乎每個成長階段都有一些傷口，所以不要輕易地放棄，不要讓自己陷入過去的沼澤。或許昨日誠可貴，但是今日價更高。

一天，一位得道的高僧在休息以前，吩咐小和尚為佛祖點上香火，這個粗手粗腳的小和尚不小心把香爐打翻，香灰撒了一地，剛插好的香火也斷了，險些燒掉整個祭堂。小和尚知道自己闖下大禍，偷偷地躲起來。

第二日，高僧找不到小和尚，親自來到祭堂探究原因，得知事情真相以後，他有些生氣，但是很快就平息下來，派人去把躲藏起來的小和尚叫來。小和尚因為害怕，哭了一夜，眼睛腫腫的，心想這次肯定被重罰。高僧看了小和尚一眼：「你耽誤今天的晨課，知道嗎？」小和尚抬起頭，不解地望著高僧，然後低頭主動認錯：「師父，我錯了。我昨晚打翻香爐，你不生氣嗎？為何今日不責罰我，反而只怪我耽誤晨課？」

高僧語重心長地說：「昨天你犯的錯，我是很生氣，可是事情已經過去了，再來追究誰的責任毫無益處。昨天香灰已撒和香火已斷已經是無法挽回的事情，唯一可以做的就是今天立刻換上新的香灰，重新點上香火，再把今日的晨課補回來。如果因為昨天的失誤而把今天的光陰也賠進去，那樣才是不可饒恕的。你明白嗎？」小和尚恍然大悟。

或許每個人都經歷過這個小和尚的角色，我們為了昨天的失誤而哭泣，甚至放棄今天應該做的工作，明天再為今天的放棄而哭泣，日日相仿，人生就這樣失去它的意義。**我們已經無力改變昨天的事情，就應該勇敢地面對它，把握今天才是最有價值的行為。**

在通往成功的道路上，或許荊棘叢生，或許障礙重重，可是所有的這一切都是可以戰勝的，關鍵是自己是否具備戰勝它們的決心。昨天的荊棘叢林已經走過，即使傷痕累累，也不能代表我們無法跨越這條道路。勇敢地走下去，傷在昨天，勇於今天，成功就在明天。

我們的一生，會經歷無數的風雨和挫折。看看我們小時候是如何學會走路的，我們一邊走，一邊摔倒，沒有因為摔倒就長哭不起而拒絕走路。相反地，兒時的勇氣是巨大的，無論摔得多麼疼，哭了以後還是會繼續走，甚至第二天就把昨天摔倒的事情忘記，或許這就是人類堅強的本性。長大之後，這種本性依然存在，我們不能讓軟弱把它掩埋，要像一個幼兒學走路那樣勇敢。

昨天的創傷已經結疤，我們不要再把精力放在它身上。

不要為昨天的失敗而流淚，但是要從昨天中吸取教訓，避免今天成為第二個失敗的昨天。

告別過去，期盼未來

「不以物喜，不以己悲」「寵辱不驚，閒看庭前花開花落；去留無意，漫隨天邊雲捲雲舒」，如果這種境界是我們難以企及的，我們就要學會放棄，對過去說再見。其實，很多時候，放棄也是一種明智的選擇。

非洲土人會用一種奇怪的狩獵方法捕捉狒狒：在一個固定的木盒裡，裝上狒狒喜歡吃的堅果，木盒上開一個小口，剛好可以讓狒狒的前爪伸進去，狒狒如果抓住堅果，爪子就抽不出來，因為狒狒有一個習性——不肯放下已經到手的東西，非洲土人經常用這種方法捉到狒狒。

人們總是嘲笑狒狒的愚蠢，為什麼不鬆開爪子放下堅果逃命？但是人們為什麼沒有審視自己？不是只有狒狒才會犯這樣的錯誤。

人類的欲望也是如此。因為捨不得放棄到手的職務，有些人每天東奔西跑，荒廢正當的工作；因為捨不得放棄誘人的錢財，有些人費盡心思，不惜鋌而走險；因為捨不得放棄對權力的佔有欲，有些人熱衷於逢迎諂媚和行賄受賄；因為捨不得放棄一段情感，有些人寧願蹉跎歲月……人們總是這樣，總是希望擁有一切，似乎擁有的越多，就會越快樂。可是有一天，我們突然驚覺：我們的憂鬱、無聊、困惑、無奈，都是因為我們渴望擁有的東西太多，或是太執著。不知不覺中，我們已經喪失所有本源的快樂。

放棄那段讓自己困惑煩惱的情感，既然那段歲月已經悠然逝去，那個背影已經漸行漸遠，又何必要在某個地方苦苦守望？揮一揮手，果斷地放棄，勇敢地向前走，前方有更美麗的緣分之花在為你開放！

學會放棄吧！放棄失戀的痛楚，放棄受辱的仇恨，放棄滿腹的幽怨，放棄心裡難以言說的苦澀，放棄費神的爭吵，放棄權力的角逐，放棄名利的爭奪……

生活中，外在的放棄讓你接受教訓，內心的放棄讓你得到解脫，生活中的垃圾既然可以不皺眉頭就輕易丟掉，情感上的垃圾也無須抱殘守缺。

學會放棄吧，朋友！許多事情需要你做出選擇，但是有選擇就有放棄。想要得到野花的清香，必須放棄城市的舒適；想要到達美夢的彼岸，必須放棄甜美的酣睡；想要重拾羊腸小徑的溫馨，必須放棄開闊平坦的公路……人生苦短，想要獲得，必須放棄。放棄，可以讓你輕裝前進，忘記旅途的疲憊和辛苦；讓你擺脫煩惱憂愁，全心沉浸在悠閒和寧靜之中。

放棄，不僅可以改善自己的形象，使自己顯得豁達豪爽而得到朋友依賴，使自己變得完美堅強，使自己受到眾人矚目，使自己的生命絢麗輝煌，還可以使自己變得聰明能幹和更有力量。

學會放棄吧，凡是次要的、枝節的、多餘的，應該放棄的就放棄吧！

其實，生活原本有許多快樂，只是我們經常自生煩惱，「空添許多愁」。許多事業有成的人經常有這樣的感慨：事業小有成就，但是心裡卻空蕩蕩的。好像擁有很多，又好像什麼都沒有。總是想要在成功以後坐豪華遊輪去環遊世界，盡情享受一番。但是真正成功了，卻沒有時間和體力去完成心願，因為還有許多事情讓人放不下……

對此，有一位知名作家說：「好像要到某種年紀，在擁有某些東西之後，才可以領悟到，自己建構的人生像一棟華美的大廈，但是只有硬體，裡面水管失修、配備不足、牆壁剝落，又很難找出原因來整修，除非把整棟房子拆掉。」

「自己又捨不得拆掉。那是一生的心血，如果拆掉了，所有人會不知道你是誰，你也很可能會不知道自己是誰。」

仔細咀嚼這段話，不就是因為「捨不得」嗎？

很多時候，我們捨不得放棄一個「食之無味，棄之可惜」的工作，捨不得放棄已經距離很遠的各種往事，捨不得放棄對權力與金錢的角逐……於是，我們只能用生命作為代價，透支健康與年華。不是嗎？現代人都精於計算投資報酬率，但是誰可以算得出，在得到一些自己認為珍貴的東西時，有多少和生命息息相關的美麗，像沙子一樣在指掌間溜走？**我們卻很少去思考：掌中所握的生命沙子的數量是有限的，如果失去，再也撈不回來。**

佛家說：「要眠即眠，要坐即坐。」這是多麼自在的快樂之道，如果你總是「吃飯時不肯吃飯，睡眠時不肯睡，千般計較」，這樣放不下，又怎麼會快樂？

莊子云：「人生天地之間，若白駒之過隙，忽然而已。」哲人的結論難道無法使我們有些啟迪嗎？我們為何不提得起、放得下、想得開，做一個快樂的自由人？

與後悔糾纏在一起，愚蠢至極

讓人後悔的事情，在生活中經常出現。許多事情做了後悔，不做也後悔；許多人遇到了會後悔，錯過了更後悔；許多話說出來後悔，不說出來也後悔……人們的遺憾與後悔情緒彷彿是與生俱來的，就像苦難伴隨生命的始終一樣，遺憾與後悔也與生命同在。

從昨天的風雨裡走過來，身上難免沾染一些塵土和霉氣，心中多少留下一些酸楚的記憶，這是無法被完全抹掉的。

人生一世，花開一季，誰都想讓此生沒有遺憾，誰都想讓自己做的每件事情永遠正確，進而達到自己預期的目的。

然而，這只是一種美好的幻想。

我們不可能不做錯事，不可能不走彎路。**做錯事之後，有後悔情緒是很正常的，這是一種自我反省，是自我剖析的前奏曲，正是因為有這種「積極的後悔」，我們才會在以後的人生之路上走得更好更穩。**

但是，如果你與後悔糾纏在一起，或羞愧萬分而一蹶不振，或自慚形穢而自暴自棄，這種做法就是蠢人之舉。

美國一位教師曾經用具體的事例來教育學生擺脫徒然無益的悔恨。

在課堂上，她將一個裝滿牛奶的瓶子朝地上摔去，瓶子破碎了，牛奶流了滿地。她告訴學生：「你們可能對這瓶牛奶感到惋惜，可是這種惋惜已經無法使這瓶牛奶恢復原樣。因此，在你們今後的生活中，如果發生無可挽回的事情，請記住這個摔破的牛奶瓶。」

這位教師說出一個生活哲理：如果知道錯誤已經造成，而且無可挽回，卻偏要去挽回，這樣做是徒勞無益的。

古希臘詩人荷馬曾經說：「過去的事情已經過去，過去的事情無法挽回。」

確實，無論昨日的陽光再美，也無法移到今日的畫冊。我們需要總結昨天的失誤，但是我們不能對昨天的失誤耿耿於懷，因為傷感也罷，悔恨也罷，都無法改變過去，都無法使我們更聰明更完美。

如果總是背著沉重的懷舊包袱，為逝去的年華傷感不已，只會白白耗費眼前的大好時光，也等於放棄現在和未來。我們為什麼不把握現在，珍惜此時此刻的擁有？為什麼要把時間浪費在對過去的悔恨中？

追悔過去，只會失去現在；失去現在，哪有未來？

昨天只是歷史，明天只是幻影，所以我們要竭盡全力地生活在今天。不追悔過去，也不奢求未來。世界上最珍貴的不是「得不到」和「已失去」，而是珍惜現在的幸福。

人生不簡單，我們要簡單地活

感恩生活，做自己喜歡的工作，累一些又有什麼關係。生活沒有那麼簡單，我們要在複雜的生活中，讓自己過得簡單一些。

在這個紛繁複雜的社會中，我們感覺實在活得太累。許多人生難題擺在我們面前，需要我們去破譯、去求證、去解答、去掙扎。一個人的智慧和力量畢竟是有限的，面對生活的大網和混亂的人生，我們往往顯得力不從心，甚至有一種窒息的感覺。

其實，人生本來有很多選擇，也有很多活法，但是我們往往過於追求完美，把很簡單的事情搞得很複雜，因而經常被弄得很苦很累。例如：同是生命的個體，原本應該相互平等，卻要仰人鼻息、察人臉色、揣人心事，日子過得誠惶誠恐而毫無滋味。本來是很容易處理的事情，卻總是謹慎有餘而小心翼翼，害怕因此觸動那張敏感的關係網。一次又一次，面臨人生道路上的一些選擇，本來不需要動太多腦筋，卻要瞻前顧後和左顧右盼，結果喪失最佳時機，最終後悔不迭……

人類的社會性，決定每個個體生命都要經歷某些人和事，這樣一來，就要求我們必須有正常的心態和駕馭生活的能力。其實，這個世界並不複雜，複雜的是我們自己，只要我們想得簡單一些，生活的天空就會一片明媚。

在是非面前，我們不妨簡單一些。社會是一盤雜菜，形形色色，個中是非眾人自有公論，道德自有評價。對此，我們不必理會誰在背後說人，誰在人前被人說，也不必理會誰投來的一抹輕蔑，誰射來的一瞥白眼。對那些微妙的人際關係，不妨視而不見、充耳不聞，排除一切有形或是無形的干擾，不必計較自己是吃虧還是佔便宜。只要擁有一顆正直的心，想己之所想，不謀私利，我們心中的陰霾就會一掃而空，心境也會因此變得日益明朗和愉快。

對待得失，我們不妨也簡單一些。生活對每個人都是公平的，有得就有失，有失就有得，塞翁失馬，焉知非福，得與失是可以相互轉化的。只要擁有一顆平常心，去善待生活中的不公平，與世無爭，知足常樂，少一分嫉妒，多留一些時間和精力做自己喜歡的事情，命運的光環就會降臨在你的頭上。即使命運不由人，也不必斤斤計較，你走你的陽關道，我過我的獨木橋，你有你的活法，我有我的活法，眼睛裡何必揉進一粒難受的沙子。拋去名利，放開權欲，用簡單的心靈走過自己輕鬆而快樂的人生。若干年以後，當我們回想起來，就不會感到寂寞，不會牢騷滿腹、怨天尤人。

此外，在待人處世方面，我們也不妨簡單一些。我們總是生活在一定的社會環境中，每天都要和各種各樣的人打交道。對家人，對同事，對鄰居，對朋友，其交往程度還是平淡一點更好。君子之交淡如水，何必糾纏於那些不勝其煩的繁文縟節之上。只有脫去一切偽裝，善於真誠待人，相互寬容，相互幫助，心靈不設防，有快樂共同分享，有困難共同分擔，人與人之間就會架起一座理解與信任的橋樑，人間的真情就會開出絢麗的花朵。

生活是豐富多彩的，如晴空，如白雲，如彩虹，如霞光，只要我們以簡單的心靈去面對複雜的世界，生活的瓊漿就會汩汩而出，釀造最甜最美的生活之汁。

活得簡單一些，這就是人生的最深內涵。

簡單不是粗陋，不是做作，而是一種真正的大徹大悟之後的昇華。

現代人的生活太複雜，到處都充斥著金錢、功名、利欲的角逐，到處都充斥著新奇和時髦的事物。被這樣複雜的生活所牽扯，我們有可能不疲憊嗎？

梭羅有一句名言感人至深：「簡單一點，再簡單一點！奢侈與舒適的生活，實際上妨礙人類的進步。」他發現，自己生活上的需要簡化到最低限度的時候，生活反而更充實。因為他已經無須為了滿足那些不必要的欲望而使心神分散。

簡單地做人，簡單地生活，也沒有什麼不好。金錢、功名、出人頭地、飛黃騰達，當然是一種人生。但是可以在燈紅酒綠、推杯換盞、斤斤計較、欲望和誘惑之外，不依附權勢，不貪求金錢，心靜如水，無怨無爭，擁有一份簡單的生活，不也是一種愜意的人生嗎？畢竟，用不著挖空心思去追逐名利，用不著留意別人看自己的眼神，沒有鎖鏈的心靈，快樂而自由，隨心所欲，想哭就哭，想笑就笑，雖然不能活得出人頭地，但是又有什麼關係？

生活未必都要轟轟烈烈，「雲霞青松作我伴，一壺濁酒清淡心」，這種意境不是也清靜自然，像清澈的溪流一樣富有詩意嗎？生活在簡單中自有簡單的美好，這是生活在喧囂中的人渴求不到的。**東晉陶淵明似乎早已明瞭其中的真意，所以有詩云：「結廬在人境，而無車馬喧。問君何能爾？心遠地自偏。採菊東籬下，悠然見南山。山氣日夕佳，飛鳥相與還。此中有真意，欲辯已忘言。」**簡單的生活其實是很迷人的：窗外雲淡風輕，屋內茶香縈繞，一束插在牛奶瓶裡的漂亮水仙，穿透潔淨的耀眼陽光，美麗地開放著；在陽光燦爛的午後，終於又來到年輕的時候流連過的山坡，放飛童年時的風箏；落日的餘暉之中，安靜地享受夕陽下清心寡欲的快樂……

簡單是美，是一種高品味的美。

放慢生活腳步，欣賞路邊的風景

作為繁忙的都市人，你有多久沒有躺臥在草地上凝望蒼穹，望天空雲捲雲舒，看夜空繁星閃爍？你有多久沒有親近大地觀草木榮衰？你有多久沒有陪家人朋友共用一頓豐盛的燭光晚餐？很久了吧，對不對？

現代人太忙了，忙碌煩躁，是多數人生活的寫照。每天總是忙、忙、忙，越忙碌越覺得生活茫然。不知道為何要這麼忙，卻又是忙、忙、忙。於是，盲目，忙碌，茫然，每天遊來蕩去。累了，煩了，卻還是無法擺脫。忙碌彷彿成為一種慣性，如果脫離這種慣性，整個人又似沒有靈魂的幽靈，每天晃來蕩去不知所措。偶爾工作的餘暇有片刻的鬆懈，又彷彿是偷來的快樂，不敢受用。

商界一個名人在接受採訪的時候說：「我每天工作超過十八個小時，經常是吃飯的時間也在工作。」此人得到的結果竟然是吃幾場官司，坐一次牢獄，並且最終於四十七歲英年早逝。雖然累積幾億財富，但是在世的時候，他得到的似乎只是忙碌和煩躁而已。

英國時間研究專家格斯勒說：「我們正處在一個把健康賣給時間和壓力的時代。而且這種變賣不需要任何契約，以一種自願的方式把我們的健康甚至幸福抵押出去。」英國著名歌手約翰・藍儂說：「我們正在為生活疲於奔命的時候，生活已經遠離我們而去。」無休止的快節奏生活給予我們物質回報的同時，也帶給我們心靈的焦灼和精神的疲憊，以及健康的每況愈下。

忙碌已經不是一種狀況，而是成為一種習慣。沒有人喜歡忙碌，但是不忙碌又害怕自己會落伍，會被社會淘汰。對於大多數人來說，淘汰的危機與發展的危機並存，因此許多人都處在不窮也不富的尷尬階段，放棄工作就會身無分文，停下腳步就會身心皆空。於是，只能馬不停蹄地向前奔，只能用透支的身體作為生命中唯一的本錢，為「希望中的未來」而辛苦奔波。

沒有見過一個發條永遠上得十足的手錶會走得長久，沒有見過一個馬力經常加到極限的車子會用得長久，沒有見過一個繃得太緊的琴弦不會斷，也沒有見過一個心情日夜緊張的人不會生病。人們在塵世的喧囂中，日復一日地進行各自的奔波勞碌，像蜜蜂般振動生活的羽翅，難免會有許多不安。

所以，我們為何不放慢腳步，靜下心來想想，每分每秒的忙碌，除了累壞身體和增加臉上皺紋以外，我們又得到什麼？細細品味其中的甘苦，只要我們平靜地對待忙碌，適時放慢生活的腳步，輕鬆地放飛自己的心靈，用透明的情緒觀察周圍的一切，就會發現：其實，生活中除了工作之外，還有很多美好的東西在向我們招手。

花開花謝，總是有一個生命的週期，開花的時候盡情美麗，不開花的時候默默孕育。在奔波勞苦中，記得放慢腳步，低頭欣賞路邊的花草，抬頭看遠處的風景，細心體會生活的樂趣，會讓你走得更好更遠。

放慢腳步，其實是一個養精蓄銳的過程。但是不表示因為時間多得無聊而看電視劇或是逛街來得以實現，你可能首先要學會如何面對無聊。

如果你是一個工作狂而因此想要試著慢下來，你可能會衝動地突然慢下來，希望看到立竿見影的效果。改變需要時間，並且永遠不是一件容易的事情，其中必然會有一個不適應的階段。因此，我們放慢的腳步應該不要太快，以免自己無法適應。

適當地放慢生活的腳步，不表示不積極進取。一個不會調適自己的人，絕對不可能是成功的人。就像一根彈簧，如果繃得太緊，最後只會斷掉，人也是一樣。

忘記應該忘記的，擁有灑脫人生

美國作家柏納特曾經寫過一本《小公主》，書中的主角莎拉曾經是一個富家女，但是她的爸爸突然死去，並且破產了，只留下她這個十歲的小女孩。她的生活從天堂掉到地獄，每天都要工作，還要忍受別人的譏諷和嘲笑。但是她依然很快樂，她接受這個事實，並且幻想有一天幸福會降臨，進而忘記痛苦和屈辱。我們在面對這樣的環境的時候，是不是也應該這樣？

人們總是希望自己活得更快樂更灑脫，可是身處塵世，放眼四周，卻經常會有人說自己不快樂，被一種不可名狀的困惑和無奈纏繞著。**我們為什麼不快樂，一個重要的原因就是：我們沒有學會遺忘。**

在日常生活中，在人生路途上，我們看到的不全是讓自己愉悅而開心的風景，還會遇到許多挫折和不幸，有些甚至是致命的打擊。**因此我們要學會遺忘，對於我們來說，遺忘是一種明智的解脫**。一次不應該有的邂逅，一場無益身心的遊戲，一次不成功的使人失魂落魄的戀愛，一場讓人失去進取心的空虛幻想，這些都是我們應該從記憶的底片上必須抹去的鏡頭。因為我們還在人生路途上行走，我們追求的事業和目標在前方不遠處，刻意遺忘是為了使自己更好地趕路，使自己走得更輕鬆。

人們經常為了名利將自己弄得疲憊不堪，將別人對待自己的許多誤解銘記於心，將別人的輕視耿耿於懷。於是，原本打算給自己營造一個輕鬆愉悅的天地，卻不料最後反而給自己套上一個又一個精神枷鎖，心裡的那片藍天在不知不覺中抹上灰色，伴隨成長的足跡深植於心，在不經意中折磨自己。這個時候，我們需要一些遺忘的精神。憂心忡忡的你，不妨到大自然中體會事物本來的神韻，淨化自己的心靈，化解自己的悲苦，遺忘自己應該遺忘的那些東西。

遺忘在某種程度上，也是一種寬容的表現。作為一個普通人，也許你沒有獲得人生中所謂的輝煌，也許你遭受不應該有的嘲諷和輕視，但是你不必為此而苦惱，你完全可以瀟灑地把它們忘記。因為，如果為這些煩事所憂慮，永遠不會獲得人生的輝煌。每個人都需要有一個心靈的空間去反思自己，在這個空間裡，學會遺忘可以讓你感受到自己的空間清澈許多，讓瑣事像漂浮物一樣遠離自己而去，沉澱下來的是自己對生活智慧的領悟。

學會遺忘，不是一件容易的事情，有許多自己想要忘記卻無法忘記的悲傷和痛苦，它們是那麼的刻骨銘心。我們要以平常心去對待痛苦，既然已經發生了，就應該接受它，然後再忘記它，不要為自己的生活增添許多不必要的煩惱。學會遺忘吧，遺忘應該遺忘的，留給自己一個清新寧靜的生存空間，就會感受到欲上青天攬明月的寬闊心懷。

我們只有學會遺忘，生活才會更美好，如果一個人每天胡思亂想，把沒有價值的東西存記在頭腦中，就會感到前途渺茫，人生有太多的不如意，更無快樂可言。所以，我們有必要對頭腦中儲存的東西及時清理，把應該保留的保留下來，把不應該保留的予以拋棄，用理智過濾自己思想上的雜質。只有清空大腦，善於遺忘，才可以更好地保留人生中最美好的回憶。

遺忘需要選擇，有些人有些事在自己的一生中無法忘懷，也不應該忘懷。

三個好朋友在一起旅行，三人行經一處山谷，甲失足滑落，幸而乙拼命拉他，才將他救起。於是，甲在附近的石頭上刻下：「某年某月某日，乙救了甲一命。」

三人繼續走了幾天，來到一處河邊，甲跟乙為一件小事吵起來，乙一氣之下，打了甲一個耳光。甲跑到沙灘上寫下：「某年某月某日，乙打了甲一個耳光。」

他們旅遊回來以後，丙好奇地問甲為什麼要把乙救他的事情刻在石頭上，將乙打他的事情寫在沙灘上？甲回答：「我永遠都感激乙救我，我會記住的。至於他打我的事情，我隨著沙灘上字跡的消失，忘得一乾二淨。」

這個故事告訴我們，牢記別人對自己的幫助，忘記別人對自己的不好，才是做人的智慧。

許多人喜歡這首白話詩：「春有百花秋有月，夏有涼風冬有雪。若無閒事掛心頭，便是人間好時節。」記住某些事某些人，忘記某些事某些人，記住應該記住的，忘記應該忘記的，灑脫人生，心無掛礙，就會覺得生活是如此美好。

堅持有執著的一面，但不是固執

生活中，很多人往往把「堅持」與「固執」畫上等號。堅持是經過理性的分析之後才做出的決斷，固執則是非理性的。有些人向你提出某些方面的警告，一定要學會理智而正確地分析這些警告的真正含義，不要因為別人的錯誤勸解而放棄自己的目標，也不要因為別人的善意而正確的規勸而固執己見。

科學家曾經對旗魚做過一個試驗：把旗魚放在一個水池裡，水池中間用一塊透明玻璃隔著。旗魚游到中間的玻璃，想要衝過去，可是卻碰到玻璃。結果牠的頭被碰破了，但是牠絲毫沒有停止的打算，接著又試圖游過去。兩次、三次、十多次，旗魚碰得頭破血流，但是依然朝向玻璃衝過去。

有時候，人們也會像旗魚一樣，盲目地執著於一件對自己來說不可能的事情。每個人都有自己的興趣和愛好，都有自己擅長的技能，如果想要在自己的弱勢方面取得一定的成就，是很困難的。

對於一個人來說，有些事情是無法做到的。一個人想要成功，就要把自己的奮鬥目標定位在自己熱愛的事情上，不要選擇那些毫無興趣的事情。例如：讓一個不喜歡音樂的人去從事音樂創作，他無法寫出美妙的音符，無法依靠它來生活，無法依靠它有所成就。如果一個人由於讀了幾本文學書，就認為自己有文學素養，立志成為一個作家，很可能會浪費許多寶貴的時間。

放棄那些不適合自己做的事情，放棄那些不適宜的工作，在準確地認識自己以後，瞭解自己的長處和優勢，再去追求自己的目標。把那些用在不可能實現的事情上的時間和精力投入到適合自己做的事情上，也許很快就可以成功。即使一時無法成功，堅持下去也會有所收穫。因此，人生要學會放棄盲目的執著和固執。

如果你不願意放棄那些對自己無益的事情，如果你想要在那些事情上消磨時光，就會放棄那些對自己來說很重要的東西，就會放棄值得自己一輩子去追求的東西。所以，應該放棄一些東西的時候，不要覺得可惜，如果不放棄它們，最後只有悲劇的結果。

HRRRR

第3章

每個人都是被上帝咬過一口的蘋果，註定不是完美的

Don't be too hard on yourself.

有一句話說，每個人都是被上帝咬過一口的蘋果，所以註定不是完美的。我們要接納自己的不完美，允許自己犯錯以及可以承受因為犯錯帶來的批評和指責，允許自己在某些方面不如別人。

不要用高標準為難自己

生活中，有些人經常抱怨活得太辛苦，壓力太大。**其實，這往往是因為我們還沒有衡量清楚自己的能力和興趣之前，就給自己在人生各個階段設定太高的目標，這個目標不是根據個人實際情況制定的，而是和別人比較以後制定的**，所以每天為了完成目標，不得不背著責任的包袱去生活，不得不忍受辛苦和疲憊的折磨。

有些人不重視實際情況，要求自己必須考上一流大學，必須學習熱門科系，認為這是自己的責任，只有這樣才算是完美人生。許多大學畢業生不願意從事基層工作，就是因為他們人生的背簍中背負太多的責任。這種以私利為出發點的個人抱負，已經蛻變為一個包袱壓在身上，讓人喘不過氣，可是有些人卻樂此不疲。

人們經常說：「什麼事情都歸咎於別人是不好的行為。」但真的是這樣嗎？許多人經常把錯誤歸咎於自己，其實也是不正確的觀念。例如：有些人因為孩子成績不好而苦惱，因為孩子沒有考上大學而內疚。

其實，只要自己盡力為孩子做事，如果孩子因為其他原因而落榜，就不要把責任歸咎到自己身上。再說，塞翁失馬焉知非福？孩子可能在其他方面小有成就。

瞭解自己，做自己，就不必勉強自己，不必掩飾自己，也不會因為背負太重的責任包袱而扭曲自己。

如此，就可以少一些精神束縛，多幾分心靈的舒展，就可以少一些自責，多幾分人生的快樂。

有些人對自己和社會格格不入的個性感到相當煩惱，可是後來把它想成：這種個性是與生俱來的，是上天所賜予的，並非自己不夠努力。這樣一想，就不會再責備自己，不再煩惱。

生活中有許多不幸與抱怨，感到生活煩悶的時候，應該讓自己更明智，不要用「高標準」為難自己，卸掉自己背負的沉重包袱，不再折磨自己的內心。

歌德曾經說：「責任就是對自己要求去做的事情有一種愛。」只有認清在這個世界上要做的事情，認真去做自己喜愛的事情，就會獲得一種內在的平靜和充實。知道自己的責任所在，並且背負適當而適合自己的責任包袱，就可以體會到人生旅途的快樂。

正視缺點，不苛求完美

有一個印度男子娶了一個漂亮的妻子，妻子面貌秀麗，體態婀娜，兩人情如金石，簡直是天生一對、地造一雙。可是丈夫認為妻子美中不足的是臉上卻鑲嵌一個酒糟鼻，好像是藝術家的粗心，對一件原本可以傲視世間的藝術精品少雕刻幾刀，顯然是一種遺憾，對妻子的鼻子終日耿耿於懷。

一日，他路過一個奴隸市場，看到一個身材單薄而瘦小清純的女孩，正在等待人們挑選購買，他突然發現這個女孩的鼻子很端正，於是以很高的價格將她買下來。

他買到一個鼻子很端正的女孩，興高采烈地帶回家，想要給心愛的妻子一個驚喜。到家以後，他用刀子把女孩的漂亮鼻子割下來。

他拿著血淋淋的鼻子對妻子說：「親愛的，快出來，看我給你買回來的最寶貴的禮物。」

妻子從房間裡走出來，並且說：「什麼禮物值得你這樣大驚小怪？」

「你看，我給你買來世界上最漂亮的鼻子，你戴上看看。」

說完，他拿起刀子，把妻子的酒糟鼻割下來，然後把那個漂亮的鼻子嵌貼在傷口處，但是無論他如何放，那個漂亮的鼻子始終無法黏在妻子的臉上。

這個故事告訴我們，一味追求完美，不敢正視自己的缺點，是多麼的可怕。

完美主義者做事的時候總是力求不存缺憾，即使是無關緊要的細節也不放過。要求完美是一件好事，但是如果做得太過分，反而比不完美更糟糕。

每個人都追求完美，每個人都渴望完美，無論對別人、對自己、對環境、對工作。可是這個世界上可以找到完美的事物嗎？有缺點的時候，不如正視它，不完美也是一種美！

福特公司的總裁曾經在全體員工面前說出自己的缺點，列舉出五項：

第一，我太在意時間。因此，我經常過分系統化，想要完成很多事情，因而進度落後，不免焦躁或惱怒。

第二，我絕對公私分明。這樣使我看起來不通人情，對與公事無關的個人小事毫無興趣。

第三，我不注重細節。我有些大而化之，寧願將事情簡化。進行一項重大計畫的時候，我經常把可能延誤或是阻礙計畫的問題擺在一邊，先將事情做成，最後再來處理這些細節。這種做法使我不至於在旁枝末節的崎嶇小徑裡迂迴打轉，繞不出來；但是也可能因為考慮不周全，失去一些機會或是造成不必要的誤解。

第四，我要求的價格太高。平常我覺得這是一個優點，但是也可能嚇跑一些我應該跟他交往的人。

第五，我很喜歡吃東西。美味當前，我總是先吃了再說，吃完之後再來擔心。

福特公司的總裁沒有因為說出自己的缺點而讓員工瞧不起，相反地，員工們更佩服他。

你是否也想想自己的缺點？是否可以誠實地指出自己在個性、態度、行為上的缺點？

正視缺點，有些缺點正好是一種美麗的優點，不經意之間鑄就另一種人生。生命中的缺陷，如同維納斯女神像一樣，正是因為有斷臂這份缺陷而變得更加真實特別，更加美麗動人，更加大氣典雅，美得更加令人心醉神迷……

不為迎合別人而活

環顧我們周圍，不難發現，想要使每個人都對自己滿意，是不可能的。**我們不可能顧及每個人，如果有五〇%的人對你感到滿意，就是一件令人高興的事情。**只要觀察西方的選舉就可以知道：即使獲勝者的選票佔多數，但是還有四〇%以上的人投下反對票。因此，對一般人來說，不管什麼時候提出什麼意見，都會有五〇%的人可能提出反對意見，這是一件十分正常的事情。

認識到這一點之後，就應該從另一個角度來看待別人的反對意見。別人對你的意見提出異議的時候，你不會再因此而感到不安，或是為了贏得別人的讚許而改變自己的觀點。你應該意識到，他只是與你意見不同的五〇%之中的一個人。**只要認識到自己的每個決定總會遇到反對意見，就可以擺脫情緒低落的困擾。**我們做事之前已經料想到某種後果，如果出現這種後果的時候，就不會出現巨大的情緒波動，或是措手不及。**因此，如果知道會有人反對自己的意見，就**

不會自尋煩惱，也不會將別人對自己的某種觀點或是某種情感的否定視為對自己的全盤否定。當然，如果你堅信自己是正確的，更不應該因為別人的看法而改變自己的決定，你就是你自己，沒有必要為了迎合別人而活著。

美國著名女演員索尼亞・斯米茲的童年是在加拿大渥太華郊外的一個農場度過的。

當時，她在農場附近的一所小學讀書。有一天，她回家以後很委屈地哭了，父親問她原因。她斷斷續續地說：「班上一個女生說我長得很醜，還說我跑步的姿勢難看。」父親聽了以後，只是微笑。忽然他說：「我可以摸得到家裡的天花板。」正在哭泣的索尼亞覺得很驚奇，不知道父親想要說什麼，就問：「你說什麼？」

父親又重複一遍：「我可以摸得到家裡的天花板。」

索尼亞停止哭泣，仰頭看著天花板。將近四公尺高的天花板，父親可以摸得到？她怎麼也不相信。父親笑笑，得意地說：「不相信吧？你也不要相信那個女孩說的話，因為有些人說的不是事實。」

索尼亞就這樣明白了，不能太在意別人說什麼，要自己拿主意。她在二十四歲的時候，已經是一個頗有名氣的演員。有一次，她要去參加一個集會，但是經紀人告訴她，因為天氣不好，只有很少人參加這次集會，會場的氣氛有些冷淡。經紀人的意思是，索尼亞剛出名，應該把時間花在一些大型的活動上，以增加自身的名氣。索尼亞堅持要參加這個集會，因為她在報刊上承諾要去參加，「我一定要實現諾言」。結果，那次在雨中的集會，因為有索尼亞的參加，廣場上的人越來越多，她的名氣和人氣因此驟升。後來，她又自己做主，離開加拿大去美國演戲，進而聞名全球。

自己拿主意，並不是一意孤行，而是忠於自己，相信自己。坎坷人生，很多時候我們都要自己拿主意。

美國歷史上著名的總統林肯，在上任以後不久，有一次將六個幕僚召集在一起開會。林肯提出一個重要法案，而幕僚們的看法不一致，於是七個人熱烈地爭論起來。林肯在仔細聽取其他六個人的意見以後，還是覺得自己是正確的。在最後決策的時候，六個幕僚一致反對林肯的意見，但是林肯仍然固執己見，他說：「雖然只有我一個人贊成，但是我仍然要宣布，這個法案通過了。」

表面上看來，林肯這種忽視多數人意見的做法似乎過於獨斷專行。其實，林肯已經仔細瞭解其他六個人的看法並且經過深思熟慮，認定自己的方案最合理。其他六個人抱持反對意見，只是一種條件反射，有些人甚至是人云亦云，根本沒有認真考慮這個方案。既然如此，就應該力排眾議，堅持己見。**因為，所謂的討論，無非就是從各種不同的意見中選擇一個最合理的。既然自己是對的，還有什麼好猶豫的？**

完美不是一個絕對的概念

一個硬幣有正反兩面，一個人也有優點和缺點，沒有人可以成為完美的人，因此我們不要用人生短暫的光陰去盲目追求完美。事實上，我們是不完美的，可以形容為「上帝咬過一口的蘋果」，然後丟棄在人間。我們想要實現完美，就像是大海撈針，最後只會徒勞無功。

勇敢的人往往缺少智慧，聰明的人往往缺少勇氣，豪爽的人往往心思過疏，謹慎的人往往懷疑過頭……一種陽光性格的另一面必然是陰影，我們怎麼可能達到完美？

我們不要求達到生活的完美

生活本身應該有些風浪，風浪正是我們出航的助力。如果我們生活在一帆風順中，就不會增加自己的才華，也無法體驗生活的樂趣。

有一個人從來沒有出過海，他的朋友約他一起前往。他有些猶豫，害怕翻船。朋友好說歹說地規勸他：「如果你總是這麼杞人憂天，不如從一出生就躺在床上，這樣什麼危險也沒有。」這個人禁不住朋友的勸告，於是兩人一同前往。

剛開始的時候，海上風平浪靜，兩人覺得心曠神怡。沒過多久，風浪就來了。船有些搖晃，這個人有些緊張，朋友告訴他沒有什麼好擔心的，這是經常發生的事情，這個人的情緒逐漸舒緩。果然，沒過多長時間，風浪就平息下來。等他們回到家的時候，他對朋友說：「雖然有些驚險，但是很有趣。」朋友呵呵一笑。

我們的生活何嘗不是這樣？我們年輕的時候，畏懼這個風險，擔心那個風險。當時，就有過來人告訴我們，一切順其自然。**事實證明，我們擔憂的事情，九〇％都沒有發生。**我們回頭去看那段生活的時候，發現經歷這樣的日子，生活才會變得豐富，痛苦的經歷也成為美好的回憶。

生活就是這樣，不可能完美，不可能一帆風順。**我們沒有必要追求完美，追求一帆風順。我**

們要追求的是適應和駕馭生活的能力，就像我們在大海上，要做的是適應和駕馭那艘搖晃的船，以及面對風浪所具備的應對能力。我們無法祈求上天給自己一個完美的生活，我們應該依靠的是自己。

我們不要求達到事業的完美

追求事業的完美容易陷入空談，因為事業成功的關鍵因素在於自己的資源和事業是否匹配。沒有資源，一切都是枉然，只會陷入空談。因此，我們發展自己的事業，不要想著一開始就做大事。事實上，事業的起步往往是從小事開始做起。如果一個人覺得小事瑣碎，不屑於去做，也不可能成就大事。任何龐大的機器都是由許多零件組成的，這些零件的運轉如何直接決定機器的運轉。大事也是由許多小事組合而成，因此把小事做好，就成為做成大事的基礎。

一位才思敏捷的牧師對公眾進行一場精彩的演講，最後他以肯定自我價值作為結尾，強調每個人都是上帝眷顧的寶貝，每個人都是從天而降的天使。活在這個世界上，每個人都要利用上帝給予的獨特恩賜，發揮自己最大的能力。

聽眾當中，有一個人不服牧師的說法，站起身來，指著令自己不滿意的塌鼻子，說：「如果像你所說，每個人都是從天而降的天使，請問有哪個完美的天使長著塌鼻子？」

另一個嫌自己腿短的女子也起身表示同樣的意見，認為自己的短腿不是上帝完美的創造。

牧師輕鬆而自信地回答：「上帝的創造是完美的，你們兩人也確實是從天而降的天使，只是……」

他指著那個塌鼻子的男子，說：「你降到地上的時候，讓鼻子先著地了。」

牧師又指著那個嫌自己腿短的女子，說：「你雖然是腳先著地，卻在從天而降的過程中，忘記打開降落傘。」

俗話說：「金無足赤，人無完人。」故事正是說明這個道理。人生確實有許多不完美之處，每個人都會有許多的缺憾，真正完美的人生活中是不存在的，即使是中國古代的四大美女，也有各自的不足之處。根據歷史記載，西施的腳大，王昭君雙肩仄削，貂蟬的耳垂太小，楊貴妃患有狐臭。道理雖然淺顯，可是我們真正面對自己的缺陷以及生活中不盡如人意之處的時候，卻總是感到懊惱和煩躁。

其實，完美的標準是相對而言的，因為人們的審美觀不同而不同，今天以肥為美，明天就可能以瘦為美。古人以腳小為美，如果今天有「三寸金蓮」走在大街上，路人肯定會笑掉大牙。

追求完美沒有錯，可怕的是，追而不得以後的自卑與墮落。即使缺陷再大的人也有其閃光點，正如再完美的人也有缺陷一樣。可以充分發揮自己的長處，照樣可以贏得精彩人生。正如清朝詩人顧嗣協所說：「駿馬能歷險，犁田不如牛。堅車能載重，渡河不如舟。捨長以就短，智者難為謀。生材貴適用，慎勿多苛求。」

勤能補拙，先天的不足可以用後天的努力來彌補。孫臏因為被刖足而作《孫子兵法》，司馬遷因為受到宮刑而作《史記》。王羲之從小口吃，為了彌補這個缺陷，於是發憤讀書，最終書法冠絕古今，成為書聖。

缺陷並不可怕，完美也沒有十分。面對不足，採取泰然處之而寬容的態度，生活中就會少一分煩惱，多一片笑聲。

但丁曾經說：「盡心就表示完美。」在做任何事情的時候，只要我們抱持「沒有最好，卻有更好」的態度，用心去做事就可以。對於那些缺憾，我們只要把它們當作教訓，引以為戒，並且以此激發下一步的行動，完全不必把它們放在心上。

完美主義是一朵罌粟花

罌粟花看似美麗，但是它背後卻是一個黑洞。完美主義就像罌粟花一樣美麗而誘人，每個人都在追求它。可是完美的東西是不存在的，有些人為了追求虛無飄渺的東西而走火入魔。完美主義到達一種極端的狀態是非常可怕的，認為任何東西不能存在不完美，必須要完美無缺不可，越是完美越覺得不完美，越覺得痛苦。適度的完美主義是有益的，但是如果到達一種極端的狀態，就像美麗的罌粟花一樣，外表美麗，背後卻是萬丈深淵，甚至是一種心理疾病。

完美主義的問題正是在於「恐懼缺憾」，害怕令人失望進而避免感到內疚，因此也是一種心理疾病。

瑪麗是一個追求完美主義的人：工作表現優異，一路高升；與主管和部屬相處融洽，在人事關係中遊刃有餘；生活中的所有事情，都會做出合理安排，不出差錯；一直保持苗條身材，體重上下幅度精確到〇．五公斤……

可是她在準備與別人約會的時候卻出現問題，花費兩個多小時去設計髮型、精心化妝、挑選衣服，卻還是覺得不滿意，最後沮喪地取消約會。

像瑪麗這樣，就是屬於典型的心理疾病。**耶魯大學心理學教授高蘭．沙哈說：「這是一種『流行病』，我們所處的社會對人們提出的要求就是：不斷做出成績。」**即使這些完美主義者最終順利完成事情，還是不會快樂，他們更在意的是：「那又怎麼樣？」「接下來的事情可以完成嗎？」他們總是對自己提出許多要求，久而久之，就會積鬱成疾。

不管對人還是對事，完美主義者都是最高標準和嚴格要求，力求盡善盡美。心理學將完美主義者分為三種類型：

一、「要求別人」型，為別人設下最高標準，不允許別人犯錯，這種人的人際關係糟糕，婚姻經常會遭遇失敗。

二、「要求自我」型，給自己設下最高標準，追求完美的動力完全是出於自己，這種人容易陷入自我批判和情緒沮喪之中。

三、「被人要求」型，總是感覺別人對自己有更高的期望，於是為之不斷努力，這種人容易陷入憂鬱，甚至會產生自殺的想法。

心理學家的治療方法之一，是讓患者換一種思路，也就是：嘗試不完美。例如：有一位女性，總是苛求自己在工作中做得更好，於是心理學家告訴她，每天工作的時間不要超過下午五點，以前她會一直工作到晚上七點，不必每天在家裡自己做飯，有時候可以在外面吃晚餐。慢慢地，她就會有所改變。

最後，忠告那些完美主義者：在這個世界上，沒有人可以做到完美。我們最多可以做到接近完美，或是更接近完美。做任何事情的時候，都要隨時忍受各種各樣的不完美，否則任務根本無法完成。就算最終完成，結果也經常是不完美的。生活本身就是不完美的，每個人的生活都是伴隨著風雨，不接受也不行，這就是生活的真實性。

八分生活幸福哲學

如今，在台灣和日本流行「八分生活哲學」。**所謂八分生活哲學，就是指無論生活還是工作，不再苛求全力投入，十分力氣使上八分，不必每件事情都做到十全十美，適可而止就好。**

心態上

改變完美主義，什麼事情不一定都要做到十全十美才算滿意，適可而止就好。一個人追求完美沒有什麼錯，但是心理學家在過去幾十年的研究中發現，過分追求完美的心態對人們的身心傷害很大。**不要再給自己提出遠大目標，高標準地對待自己，因為在這種心理狀態下提出的目標和要求，往往是不切實際的，所以很容易遭遇失敗，打擊和折磨的正是我們自己。**

工作上

八分工作不是指工作不認真不努力，而是告訴人們工作到八分的時候，就要休息一下。連續工作兩個小時以上，就要停下來休息一下，可以簡單地鍛鍊手臂，使緊張的肌肉得到放鬆，或是閉上眼睛冥想兩分鐘，幫助大腦回到最佳狀態，進而再次投入到工作中。**此外，它還要求我們首先對所從事的工作抱持積極樂觀的態度。其次，要有計劃性。**這樣一來，才可以更得心應手地完成工作。

生活上

讓自己住在一個距離城市很遠、距離心靈很近的地方——郊區。城市中心車輛多、汙染大、空氣不新鮮、人口多、綠化面積小、建築密度大、活動空間小，再加上工作壓力大，使得很多人都在不知不覺中處於不健康的狀態。

感情上

愛一個人的時候，愛到八分絕對剛剛好，剩下兩分用來愛自己。**一方面，如果繼續愛得更多，很可能會給對方沉重的壓力，讓彼此喘不過氣。另一方面，太愛一個人，會被對方牽著鼻子走，就像被魔杖點中，完全不能自制。**從此，沒有自己的思想，沒有自己的喜怒哀樂，進而忘記理性的存在。放輕鬆一點，給對方一些空間，也給自己一些空間，永遠不要忘記獨立人格的寶貴。

飲食上

飲食上八分，是指烹飪八分熟就好，烹調的時候用八分油、八分鹽，吃到八分飽。因為如果這些都達到十分的時候，就有可能會產生不良的作用。例如：如果鹽攝取太多，就會加重腎臟的負擔。如果吃得太飽，就會加重腸胃的負擔。**八分飲食不是在於食材的昂貴稀有，而是注重食材的搭配和諧、餐具的簡潔乾淨、音樂的悅耳動聽，以及人們用餐的心境。**

以上就是我們提倡的八分生活哲學。曾國藩曾經有一句著名的家訓「花未全開月未圓」，正是「八分生活哲學」的最佳寫照。不過滿、不極端、不偏執，主張以十分的努力收穫八分的希望，以寬鬆的心境度過每一天，以適度的方式應對世事，帶來人生平衡和良性循環。

HRRRR

第4章

不可能毫無失去就可以完全擁有，那不是真正的生活

Don't be too hard on yourself.

生活中，我們總是會擁有很多東西，但是也會失去很多東西。一個人不可能毫無失去就可以完全擁有，那不是真正的生活。有時候，失去表示另一種獲得；有時候，失去讓我們發現還有其他美好的事物依然存在，也因此，這樣的獲得和存在會更讓人珍惜。

有價與無價的區別

威爾・羅傑斯是非常著名的幽默大師，他每天都是快樂的——即使在他失去什麼東西的時候。這得益於他樂觀豁達的性格，更重要的是：他懂得如何用一顆平常心去看待得與失。

一八九八年冬天，威爾・羅傑斯繼承一個牧場。

有一天，他養的一頭牛為了偷吃玉米而衝破附近一戶農家的籬笆，最後被農夫殺死。依照當地牧場的共同約定，農夫應該通知羅傑斯並且說明原因，但是農夫沒有這樣做。

羅傑斯知道這件事情以後非常生氣，於是帶著傭人去找農夫理論。

此時，正值寒流來襲，他們走到一半，人與馬車全部掛滿冰霜，兩人也幾乎要被凍僵了。

好不容易抵達木屋，農夫卻不在家，農夫的妻子熱情地邀請他們進屋等待。羅傑斯進屋取暖的時候，看見婦人十分消瘦憔悴，而且桌椅後面還躲著五個瘦得像猴子的孩子。

不久，農夫回來了，妻子告訴他：「他們可是頂著狂風嚴寒而來的。」

羅傑斯原本想要與農夫理論，忽然又打消主意，只是伸出自己的手。

農夫完全不知道羅傑斯的來意，開心地與他握手和擁抱，並且邀請他們共進晚餐。

這個時候，農夫滿臉歉意地說：「不好意思，委屈你們吃這些豆子，原本有牛肉可以吃，但是忽然刮起風，還沒有準備好。」

孩子們聽見有牛肉可以吃，高興得眼睛都發亮。

吃飯的時候，傭人一直等著羅傑斯開口談正事，以便處理殺牛的事情。但是，羅傑斯看起來似乎忘記了，只見他與這家人開心地有說有笑。

飯後，天氣仍然相當差，農夫堅持要兩個人住下，等到天氣變好以後再回去，於是羅傑斯與傭人在那裡住了一晚。

第二天早上，他們吃了一頓豐盛的早餐以後，就告辭回去了。

在寒流中走這麼一趟，羅傑斯對此行的目的卻閉口不提。在回家的路上，傭人忍不住問他：

「我以為，你準備去為那頭牛討個公道！」

羅傑斯微笑著說：「是啊，我本來是抱持這個念頭，但是後來我盤算一下，決定不再追究。你知道嗎？我沒有白白失去一頭牛啊！因為，我得到一些人情味。畢竟，牛在任何時候都可以獲得，然而人情味卻不是很容易得到。」

這個世界不是缺少美，而是缺少美的發現。我們只要改變角度，就可以發現一個新奇的世界，世界其實仍然是那個世界，太陽不會因為我們的角度改變而成為月亮。我們擁有一個共同的世界，但是我們卻擁有不同的世界觀，對這個世界也有不同的認識，不同的理解和看法。

每個人都有一雙眼睛，用以分辨事物，這是自然的造化。每個人還有一雙眼睛，它不是長在臉上，而是長在心中，這就是心智的眼睛。這雙眼睛比另一雙眼睛更重要，它告訴我們應該如何看待身外的世界，如何看待自己。

故事中的羅傑斯，失去一頭牛，卻換得農夫一家人的笑容和幸福。這段經歷，更讓他懂得生命中哪些東西才是無價的。以一顆平常心看待自己失去的東西，因為在我們失去的同時，也許在其他方面已經得到更寶貴的東西。

失去，焉知非福

猶太人有一個諺語很有意思：如果斷了一條腿，你應該感謝上帝沒有折斷你的兩條腿；如果斷了兩條腿，你應該感謝上帝沒有扭斷你的脖子；如果斷了脖子，就沒有什麼好擔憂的。

從前有一個國王喜歡打獵，有一次在追捕獵物的時候，不幸弄斷一節食指。國王劇痛之餘，立刻召來智慧大臣，徵詢他對意外斷指的看法。智慧大臣仍然輕鬆自在地對國王說，這是一件好事，並且請國王往積極方面去想。

國王聞言大怒，以為智慧大臣幸災樂禍，即命侍衛將他關到監獄。

等到斷指傷口癒合之後，國王又興沖沖地忙著四處打獵，卻不料禍不單行，又被叢林中的野人活捉。

依照野人的慣例，必須將活捉的這隊人馬的首領獻祭給他們的天神。祭奠儀式剛開始，巫師發現國王斷了一截食指，按照他們部族的律例，獻祭不完整的祭品給天神，是會遭天譴的。野人連忙將國王解下祭壇，驅逐他離開，另外抓了一位大臣獻祭。

國王狼狽地回到朝中，慶幸大難不死。忽而想起智慧大臣所說，斷指確實是一件好事，就立刻將他從牢中放出，並且當面向他道歉。

智慧大臣還是保持他的積極態度，笑著原諒國王，並且說這一切都是好事。

國王不服氣地質問：「說我斷指是好事，如今我可以接受；但是如果說因為我誤會你，而將你關在牢中受苦，難道這也是好事？」

智慧大臣微笑著回答：「臣在牢中，當然是好事！陛下不妨想像，如果臣不在牢中，今天陪陛下打獵的大臣會是誰？」

生活中，我們總是會擁有很多東西，但是也會失去很多東西。一個人不可能毫無失去就可以完全擁有，那不是真正的生活。**有時候，失去表示另一種獲得；有時候，失去讓我們發現還有其他美好的事物依然存在，也因此，這樣的獲得和存在會更讓人珍惜。**

如果我們失去太陽的照耀，還有星星和月亮的擁抱；如果我們失去山的磅礡雄偉，還有海的博大精深；如果我們失去金錢的享受，還有親情和友情的溫暖；如果我們失去權力，還有人性的純樸；如果我們失去雨露的滋潤，還有江河的灌溉；如果我們失去生命，還可以和大地親吻，在微笑中看著新生命的誕生……

有時候，生活也會因為一些失去反而變得更完美。失去了，我們還可以爭取找回來，如果無法找回來，還可以去發現更好的。我們失去愛人，不要忘記還有夏天的熱烈，可以讓我們再次尋找；我們失去愛心，不要忘記還有春天的溫馨，可以讓我們找回那顆愛之心；我們失去希望，不要忘記去秋天的收穫中尋覓；我們失去意志，不要忘記還有冬天的堅韌讓我們錘鍊……所有的失去，都會以另一種方式歸來。

殘缺中，往往孕育強大的靈魂

我們都知道，身體有缺陷的人不一定會遠離成功。**身體的缺陷雖然會對個體造成很多阻礙，但是這些阻礙卻不是無法超越的。只要心靈足夠強大，可以運用其能力設法克服困難，這些人就有可能和那些承受比較少負擔的正常人一樣取得成功。**

我們也許為生活奔波疲憊不堪，心中的鬱悶無法得到發洩，可是我們放棄那些無謂的煩惱的時候，就會感到真的沒有必要為小事煩惱，況且有些煩人的事情是自己無法控制的。

喜劇明星斯格特小時候因為有一個大鼻子，在學校同學們都嘲笑他是「大鼻子斯格特」。他為此而自卑，整天悶悶不樂，從來不和同學一起玩，團體活動也從來不參加，沒事就看著室外的風景。

數學老師瑪麗亞注意到整天憂鬱的斯格特，有一天下課以後，她發現斯格特又趴在窗戶前，於是她走到斯格特身邊，問：「你在看什麼？」

「有一個人埋葬一隻小狗，多可愛的小狗啊，牠真可憐。」斯格特悲傷不已。

「這個情景太讓人傷心了，不如我們到另一扇窗戶那裡去看看吧！」瑪麗亞拉著斯格特的手，來到另一扇窗戶邊。她推開窗子，然後問：「孩子，你看到什麼？」

窗外是一個花壇，花壇裡的花在陽光的照射下顯得燦爛芬芳，斯格特的心情豁然開朗，所有悲傷一掃而光。

「孩子，你看，你選錯應該打開的窗戶。」瑪麗亞指著窗外的美景，撫摸著斯格特的頭說，「你沒有發現嗎，其實你的鼻子很可愛，至少我是這麼認為的。」

「但是大家都笑我啊！」斯格特還是很難過。

「你可以換一扇窗戶，可以試著向大家展示鼻子可愛的一面啊！」

不久，學校舉行一個小型話劇演出，瑪麗亞鼓勵斯格特扮演一個很適合他的角色。

在瑪麗亞的幫助下，斯格特的演出獲得成功。在演出中，他由於大鼻子而博得滿場喝采，學校裡的每個人都知道這個大鼻子小明星。

眾所周知，斯格特長大以後，成為好萊塢最受歡迎的喜劇明星之一。

殘缺中，往往孕育強大的靈魂。斯格特正是有這份殘缺，才使得他獲得屬於自己的成功。很多藝術家都曾經遭受缺陷之苦，例如：年代雖然距離我們較為久遠但是仍然耳熟能詳的《流浪到淡水》的演奏者金門王和李炳輝，以及近年以一首《末班車》一炮而紅的蕭煌奇，這些人雖然身體缺陷，卻透過自己的努力取得巨大的成就。**他們為什麼可以將心靈建設得如此美好？因為在被我們所熟知之前，他們的身心已經接受我們難以想像的錘鍊。**

我們這些身體健全而被上帝賦予更多恩賜的人，應該珍惜我們的所有，向那些身體缺陷卻依靠自己強大的心靈控制能力取得成功的人學習。

阿德勒這樣說：「身體有缺陷的兒童，儘管遭受到許多困擾，他們卻經常比身體正常的人有更大的成就。身體障礙是一種可以使人們向前邁進的刺激。」究其原因，這些人是因為身體的缺陷，讓他們即使擁有強大的心靈，也必須付出更多的心力，才可以使自己的肉體趨向優越，進而達成相同的目標。但是佼佼者的力量在這個時候就產生作用，他們用事實鼓舞和自己同樣遭遇的夥伴，告訴他們儘管身體的缺陷造成許多阻礙，但是這些阻礙絕對不是無法擺脫的命運。

所以，**「只要心靈可以找到克服困難的正確方式，有缺陷的器官甚至可以成為重大的利益來源」，成為阿德勒人生哲學重要的一部分。**我們不能說是身體的缺陷給他們帶來成功，但是從某種程度上說，缺陷讓一些人把自己的心靈建設得更堅固，生活的意義也更明確，這些正是走向成功所必需的品格。

換一個角度，糟糕並非絕對

麥可從小生活在一個環境很好的家庭，備受父母寵愛。後來考上大學，選擇一個自己喜歡的科系。畢業以後也沒有費什麼周折，進入一家大型企業。那年，他只有二十三歲，還是一個年輕人。

他滿懷希望和信心地走入職場。然而，接下來的一切卻讓他始料未及：部門的人際關係非常複雜，他卻是那麼單純，甚至有些天真，說話做事都率性而為，不懂得收斂。逐漸地，他聽到些議論，說他年輕氣盛，做事毛躁。從小就養尊處優的他，那段日子非常沮喪。

他回家把在公司遇到的許多不愉快說給父親聽，父親說了一個故事給他聽：有一個人，在一次車禍中不幸失去雙腿，那個人的親戚和朋友都來慰問，表示極大的同情。他卻回答：「這件事情確實很糟糕，但是我卻保存性命，並且可以透過這件事情認識到，活著是一件多麼美好的事情——以前我從未這樣清醒地認識。現在，你們看，我不是一樣順暢地呼吸，一樣欣賞天邊的雲朵和路邊的野花？我失去的只是雙腿，卻得到比以前更珍貴的生命。」

「這個遭遇車禍的人是一個智者，他知道失去雙腿是一件已經發生的事實，就算再痛苦也無法改變。所以，他換了一個角度，同樣一件事情，他可以找到積極的那一面。但是你，」他的父親頓了頓，接著說，「和同事之間相處得不愉快，作為一個剛進入職場的新人來說，也是正常的。公司畢竟不是家庭，會有各種各樣的衝突。你應該換一個角度，把這種不愉快看作是對自己的砥礪，透過這種磨練可以使自己盡快變得成熟。從這個角度來看，你現在所面臨的境況，正好是成長過程中的一筆財富。」

父親的一番話，讓他豁然開朗。回到公司之後，只要遇到不順心的事情，他就想：換一個角度，這是一件好事，至少說明我有不足甚至不對的地方，我要改正自己。如果確實不是他的問題，他也不再像以前那樣氣惱，而是想：換一個角度，說明別人對我的要求比較高，我要再加把勁。同樣一件事情，過去給他帶來的是煩惱和苦悶，但是現在給他帶來的，卻是積極向上的動力。

世上萬物，生命最為寶貴，人生的樂趣在於奮鬥和創造中，在於不斷克服困難而前進的過程中，它使人們產生成就感和榮譽感，使人們充分享受作為萬物之靈的人類不斷戰勝神秘而廣大無際的宇宙的能力的自豪，以及不斷超越自我和挑戰自我的進取心。金錢、地位、榮耀、物質享受，雖然可以滿足一時的心理和口腹的享受，卻無法填補心靈的空虛和思想的蒼白。

兩千多年前的老子，清楚地認識到人類貪欲自私的弱點，告誡世人要千萬注意，不要因為爭名逐利而喪身，要克制自己的欲望，「見素抱樸，少私寡欲」。順應自然，知足知止，要知道「甚愛必大費，多藏必厚亡」的道理，物極必反，過分的愛惜會導致巨大的耗費，過多的斂取會導致重大的損失，盛極而衰，是歷史所證明的。所以，在名與利、得與失上，要隨時保持清醒的頭腦和明智的選擇。只有這樣，才可以「知足不辱，知止不殆」，你的生命、名聲、利益才可以長久。

吃虧的人說：吃虧是福。

丟東西的人說：折財免災。

逃過一劫的人說：大難不死，必有後福。

受人欺負的人說：不是不報，時候未到。

卸任的官員說：無官一身輕。

沒錢人的太太說：男人有錢就變壞。

怕老婆的丈夫說：有人管很好啊，什麼事情都不用操心。

丈夫不下廚，妻子跟別人說：每天圍著鍋爐打轉的男人沒出息。

住在頂樓的人說：頂樓好啊，上下樓鍛鍊身體，空氣新鮮，不會受到別人騷擾。

住在一樓的人說：一樓好啊，出入方便，省得爬樓梯，很累的。

被老闆炒魷魚的員工說：我把老闆炒了。

如果你的心境因為凡塵而變得支離破碎，請不要消極，嘗試站在新的角度，以一種積極健全的心態去對待生活中的點點滴滴。只有這樣，我們才可以輕鬆而愉悅地走過人生的風風雨雨！

有時候，絕望孕育希望！失去表示新收穫的來臨！面對生活中不如意的時候，不要放棄，不要以為迎接自己的就是失去，要拿出自己的平常心，也許換一個角度，就可以跨越得與失的界限。

所有吃的虧，都會補回來

吃虧是福。一直以來，就有這樣的說法：破財免災，吃虧是福。事實也是如此，在人生的道路上，如果我們可以用博大的胸懷，忍受一些「吃虧」，或許意外的好運就在眼前。退一步海闊天空，吃一些虧或許會帶來好運。**所有成就偉大事業的人，都具備灑脫的情懷，或許正是由於他們這種英雄般的人生態度，才會讓他們的「好運」連連。**

從表面上看，吃虧確實是一種損失，但是有失必有得。有時候，你的「小失」卻可以為你換來「大得」。

一個年輕人大學畢業就進入某家公司的業務部，負責產品推廣。他擁有一流的口才，更可貴的是：他的工作態度和吃苦精神。這個時候，公司正在著手新產品的銷售管道，所有產品都同時趕著銷售，每個員工都很忙，但是主管沒有增加人手的打算，於是負責舊產品銷售的人員總是被指揮去新產品的銷售團隊幫忙。但是整個業務部只有那個年輕人欣然接受主管的指派，其他人都是去一兩次就抗議，覺得超過自己負責的範圍。那些覺得自己有社會經驗的老員工有意無意地嘲笑他，他聽了以後不以為然地說：「吃虧就是佔便宜嘛！」

老員工們覺得很奇怪，他有什麼便宜可以佔？總是看到他像苦力一樣四處奔波，為新產品貼廣告，發傳單，心想他真是一個傻子。後來，他又經常去生產部門，參與現場的生產，只要哪裡缺少人手，他都樂意去幫忙。

兩年以後，正是這位被嘲笑的傻子，累積很多經驗，自己成立一家設備銷售公司，雖然規模不大，但是前景十分看好。原來，他是以前在公司任勞任怨的時候，把公司銷售的基本流程都看懂了，這樣說來，他真的是佔便宜啊！現在，他仍然抱持這樣的態度做事，對下屬、對客戶、對合作夥伴，都以吃虧來換取合作夥伴和客戶的信任，換來下屬的一致擁護。這樣的高尚修養，使他在年輕一輩中脫穎而出。

坦然地面對吃虧，並且接受它是一把成功的鑰匙。有時候，一些額外的付出，可以贏得別人的感激，也可以贏得別人的信任，何樂而不為？

可見，吃虧不再是普通意義上的利益損失，更多地表現為一種氣度，一種給予。這種面對利益得失的淡泊而可以審時度勢的氣魄，才是大將的風範。管鮑之交的故事，我們已經有所耳聞：旁人都說管仲在佔鮑叔牙的便宜，但是鮑叔牙卻為管仲說話，並且推薦管仲做宰相。鮑叔牙不計得失而結交到一位人生摯友，也為國家尋覓到一位將相之才。史書上寫道：當年大禹治水，三過家門而不入，犧牲個人的家庭利益，而為民謀福，終得大眾之心，將其擁護為帝。所以，懂得付出而不在乎吃虧的人，反而可以得到更多的補償。那些經常耍小聰明、錙銖必較、只想要得到不願意付出的人，必定是平庸之輩。

今天吃一些虧，或許可以在明天換來一些擁護和幫助。人生在世，要把眼光放得長遠。如果總是計較眼前的利益得失，恐怕好運也不會來光顧你。

HRRRR

第5章

點燃自己靈魂之光的，是困苦的境遇或事件

Don't be too hard on yourself.

人們的一生，沒有人是一帆風順的，苦難是必經的。我們認真審視自己的內心，總會欣然發現，點燃自己靈魂之光的，往往正是一些困苦的境遇或事件。因為我們現在所有吃過的苦，最終將會鋪成前行的道路。

苦難，人生必經之路

俄國作家托爾斯泰說：「人生不是一種享樂，而是一件十分沉重的工作。」月有陰晴圓缺，人有旦夕禍福，人生不可能永遠一帆風順。人生旅程，如同穿越崇山峻嶺，時而風吹雨打，困頓難行，時而雨過天晴，鳥語花香。苦難當道的時候，有些人自怨自艾，意志消沉，從此一蹶不振；有些人不屈不撓，與苦難進行鬥爭，他們是生活的強者。

苦難是人生的必修課，強者視它為墊腳石，視它為一筆財富，他們的成績是優秀；弱者視它為絆腳石，視它為萬丈深淵，他們的成績不及格。天將降大任於斯人也，必先苦其心志。苦難是人生的沃土，是磨練意志的試金石。不經三九苦寒，哪來傲雪梅香？沒有曹雪芹貧困潦倒的磨難，怎麼會有《紅樓夢》？司馬遷不忍受宮刑，就不會有舉世不朽的《史記》。苦難從古至今都是人生的一筆寶貴財富，勇者在苦難面前永遠不會低下高貴的頭。

「經營之神」松下幸之助從來不向命運低頭。九歲的時候，因為家境貧困，他不得不外出賺取生活費。他遠赴大阪謀職，母親為他準備行囊，並且送他到車站。臨行前，母親飲泣地向同行的人誠懇地拜託：「這個孩子要獨自去大阪，請各位在旅途中多多照顧。」母親悲淒的背影給他深刻的印象。

不久，松下幸之助來到大阪，在船場火盆店當學徒，從此開始艱苦的謀生。小小年紀，遠離親人，在那個陌生的世界裡，他感到孤單無助，似乎喪失生活的信心。

有一次，店主叫住他，遞給他一個五錢的白銅貨幣，說是薪水。他吃驚極了，他從來沒有見過五錢的白銅貨幣，對窮人家的孩子來說，這是一個相當可觀的數目。薪水激起他工作的狂熱，也揚起他奮鬥的風帆。

依靠不可思議的欲望的支持，他變得更堅強。他不辭辛苦地打雜，磨火盆。有時候，一雙手被磨得皮破血流，提水打掃的工作也無法做，但是他咬牙挺下來。逐漸地，松下幸之助掌握自己的命運。

上帝是公平的，他在把苦難撒向人間的時候，也準備等重的回報等著勇士去拿。苦難不期而至的時候，我們要視苦難為財富和機會，向它宣戰。成功地征服它之後，就可以拿到上帝的回報，捧起金燦燦的獎盃，真切地感受到生活的甘甜和人生的價值。

英國知名作家卡萊爾曾經說：「世界榮譽的桂冠，都是荊棘編織而成的。」為了美好的明天，讓我們向苦難宣戰吧！

超越苦難，它就是你的財富

有一個人去巴西旅遊的時候，看見一隻非常美麗的烏龜，牠的殼和頭尾都是翠綠色的，在翠綠色的殼上有深咖啡色的花紋。那隻烏龜的嘴巴很大，兩邊的線條翹起，像是一直在微笑；眼睛炯炯有神，直直對人注視，一眨也不眨。

這個人欣賞牠的美麗，百般懇求，出高價才向原來的主人購得，然後通過動物進出口的各項繁複檢驗，從海運用貨櫃託運回家。

從巴西到自己國家的貨輪開了三個月才到，這個人本來擔心如果這隻烏龜餓死了怎麼辦，沒想到開箱的時候，牠還是好端端的，一點問題也沒有，那對明亮的眼睛突然張開，嚇了這個人一大跳。三個月不吃不喝還可以存活，真是不可思議。

過了一個月，有一天他要到南部去開會，要離開一個星期，想想不能每天餵烏龜，就在離開的時候放了三把熟透的香蕉。一個星期以後，他興沖沖地回來看烏龜，可是那隻烏龜已經死了，香蕉少了一把。

找一位獸醫來看，他說烏龜是撐死的，牠把一大把香蕉一口氣吃完，所以撐死自己。

這個故事讓人感慨不已。

在極度的黑暗中，整整三個月，饑寒交迫之下還可以存活的烏龜，在翠綠的花園水池旁卻因為吃得太飽而撐死，可見困厄不一定可畏，飽足也不盡然可喜！這個故事讓我們想起孟子說的：「生於憂患，死於安樂。」因緣是不可思議的，希望遠離苦難享受安樂的人，請想一想，憂患可以給人們帶來生的勇氣，安樂卻使人們喪失活的鬥志，不要當一隻「生於憂患，死於安樂」的巴西烏龜！

苦難有時候很殘酷，會把你一生的追求和信念瞬間撕得粉碎，也可能對你窮追不捨，一點一點地蠶食你生命中的綠色。

但是，無論你經歷過多少苦難，走過多少坎坷，你都不會一無所有，還是會擁有一些東西，它們是你的生命裡最寶貴的財產。

命運讓我們無可選擇的時候，我們唯一可以做的就是：接受苦難，閱讀苦難，超越苦難。

願你經歷的苦難，都變成禮物

一個人在遭遇挫折之後，如果想要再站起來，就會去認真總結經驗和教訓，探究導致失敗的原因，尋找擺脫困境的方法。他正是在這個思考、總結、探索、創造的過程中，提高自己的認識、增長自己的才智，使自己變得比以前更聰明。

此外，挫折還可以使人真正懂得人生的意義而變得更高尚。

心靈大師卡內基在青年會中執教的時候，曾經因為自己失敗的演講而被解雇。就在他對自己不抱持信心的時候，他收到伊莉莎白・康妮寄來的一封信。正是這封信使他看清自己，最終找到發揮自己才智的地方。

康妮在信中說：

親愛的先生，我在寫這封信給你的時候，突然想起喬治五世掛在白金漢宮上的那句話：「教我不要為月亮哭泣，也不要因為事情而後悔。」現在，我只想跟你說說我的故事。

有一天，我接到國防部的電報，說我的侄兒——我最愛的一個人——在戰場上失蹤了。我的心跳速度一下子加快，在隨後的日子裡，我無法安心睡覺，也無心吃飯。過了不久，我終於接到侄兒陣亡的通知，這個時候，我的內心無比悲傷。

在那件事情發生以前，我一直覺得命運對我很好，偉大的上帝賜給我一份喜歡的工作，又讓我順利地撫養相依為命的侄兒長大。在我看來，我的侄兒代表年輕人美好的一切。我覺得以前付出的努力，現在一定會有一個很好的回報……

然而，卻來了這份電報，我的世界被粉碎了，我再也找不到使自己活下去的理由，我失去生存的意義和繼續生存下去的藉口。我開始忽視我的工作，忽視我的朋友，我拋開生活的一切。我開始對這個世界冷淡和怨恨，為什麼死的是我最愛的侄兒？為什麼這麼好的孩子還沒有開始他的生活就離開這個世界？為什麼他會死在戰場上？

我沒有辦法接受這個事實，由於悲傷過度，我無力再去工作。所以，我決定放棄工作，離開家鄉，把自己藏在眼淚和悔恨之中。就在我清理桌子準備辭職的時候，突然看到一封幾乎被我遺忘的信件——一封由我的侄兒生前寄來的信。當時，我的母親剛去世。

他在信上說：「當然，我們都會想念她，尤其是你。但是我知道，你會平靜地度過。」

「以你自己對人生的看法，就可以讓自己堅強起來。我永遠不會忘記你教導我的那些寶貴的道理。」

「無論我在哪裡生活，無論我們距離得多麼遙遠，我永遠都會記得你的教導。你告訴我要笑對生活，要像一個男子漢一樣，學會承受所有發生的事情。」

我把那封信讀了一遍又一遍，覺得他就在我的身邊，好像這封信是他說給我聽的。彷彿他在對我說：「你為什麼不依照你教導我的方法去做？堅持下去，無論發生什麼事情，把自己的悲傷藏在微笑的下面，繼續生活下去。」

侄兒的信給我極大的鼓舞，我覺得人生又充滿期望，我決定回去工作。我不再對人冷淡無禮，我一再對自己說：「事情到了這個地步，我沒有能力改變它，但是我可以像他希望的那樣繼續活下去。」我把所有的思想和精力都用在工作上，我也寫信給前方的士兵們，好像他們就是我的侄兒。此外，在工作之餘，我參加成人教育班——找出新的興趣，結交許多新的朋友。我幾乎不敢相信發生在自己身上的這些變化。

我不再為已經過去的那些事情悲傷，現在我每天的生活都充滿快樂——就像我的侄兒要我做到的那樣。

卡內基讀完這封信的時候，心中湧出一些感嘆：

伊莉莎白·康妮學到所有人遲早都要學到的事情，那就是：我們必須深知覆水難收的道理，有些事情如果發生了，就沒有辦法再去彌補。現在需要做的就是如何讓自己在事情發生之後，保持一種積極的心態，重新定位自己的人生。

挫折可以增長人們的聰明才智。在失敗中不斷總結，累積經驗，經過冷靜分析，將目標做適當的調整，在這個過程中就會提高解決問題的能力。

風雨過後見彩虹

失敗是一種人生經歷，既然無法避免，我們不妨把它看成是彩虹的前兆，為了迎接彩虹，我們要以平常心來接受風雨。

有一天，俄國作家克雷洛夫在街上行走。忽然，有一個年輕的果農走上前來，攔住他的去路。只見果農拿著一個果子，向克雷洛夫兜售。

年輕人靦腆地對他說：「先生，請你幫忙買些果子吧！但是，我要老實告訴你，這些果子其實有點酸，因為這是我第一次種果子。」

克雷洛夫見這個果農如此誠實，心生好感，就向他買幾個果子，並且對他說：「小夥子，不要灰心啊！你以後種的果子會越來越甜的，我第一次種的果子也是酸的。」

年輕人一聽，以為遇到「同行」，連忙向他請教：「你以前也種過果子嗎？後來呢？」

克雷洛夫笑著說：「我收穫的第一個果實，是《用咖啡渣占卜的女人》。但是，當時沒有一個劇院願意演出這個劇本。」

不必擔心未來的結果，只要仔細檢查眼前的步伐有沒有錯誤失算，走一步修正一步，並且學會坦然面對自己邁出的每一步，我們站在終點的時候，就可以站得踏實而穩健。

我們的一生，難免會遇到失敗與挫折，每個人都可以像克雷洛夫一樣，善於自我調侃，不要害怕自己跨出的第一步，把難堪的窘境當成人生的必然經歷。

只有開始，我們距離夢想的目標才會更近。

因為，有開始就有希望，不管最終的結果如何，我們需要關心自己邁出的每一步。世事萬物都是依循這個簡單的道理在運行，只要生命有開始，就有果實纍纍的一天。

人生沒有太多時間讓我們猶豫，凡事先行動再說。唯有從行動的步伐中，我們才可以不斷發

現錯誤和修正錯誤，並且累積成果。

最重要的是，要以一顆平常心面對失敗和挫折。只有如此，我們才可以正確無誤地抵達夢想的終點。

把絆腳石變成墊腳石

我們往往有一個習慣，那就是：以成敗去權衡每件事情的結果。其實，如果可以從另一個角度去審視，失敗不見得都是負面的。失敗就像一塊石頭，但是不同的人會有不同的看法，有些人把它看成是絆腳石，有些人把它看成是墊腳石，這樣一來，就導致不同的結果。

我們活一輩子為了什麼？為了開心地過日子，快樂地生活。**成與敗只是事實在感情上的折射，任憑高興或傷心都無法改變的事實。**既然如此，為什麼還要傷心？人生漫長，難免有際遇不好和命運不濟的時候，只要自己思考過，努力過，即使一輩子一事無成，也應該坦然開心，這樣的一生才沒有白活。上帝不能保證你成功，但是你可以保證自己快樂。

我們的一生，總會遇到一些挫折和逆境，所以不要怨天尤人，只要懂得如何面對就可以。平時我們見到那些成功的人，無論是功成名就還是情場得意，羨慕之情就會油然而生。特別是這個人的年齡和背景與自己相仿的時候，更是會有些妒忌：他怎麼那麼幸運？可是你有沒有想過，其實他們的背後也有許多辛酸，他們也不是一帆風順，他們也曾經在逆境中掙扎？

以平常心來看待成功和失敗，不表示我們不努力向成功邁進。在通往成功的道路上，失敗就是許多石頭，我們可以用平常心坦然面對這些石頭的時候，再經過自己的奮鬥，就會把這些絆腳石變成墊腳石。

羅奈爾得・皮爾曾經講述自己的親身經歷：

每當我失意的時候，我的母親就會這樣說：「最好的總會到來，如果你堅持下去，總有一天你會有好運。並且你會認識到，要是沒有從前的失望，那是不會發生的。」

母親是對的，我在一九三二年大學畢業以後，我發現這一點：當時，我決定試著在電台找一份工作，然後再設法成為一個體育播音員。我搭便車去芝加哥，敲開每一家電台的門——但是每次都碰了一鼻子灰。在一個播音室裡，一位很和氣的女士告訴我，大電台不會冒險雇用一個毫無經驗的新手。「再去試試，找一家小電台，那裡可能會有機會。」她說。

我又搭便車回到伊利諾州的迪克森，雖然迪克森沒有電台，但是我的父親說，蒙哥馬利．沃德公司開了一家商店，需要一個當地的運動員去經營他的體育專櫃。由於我在迪克森中學打過橄欖球，於是我提出申請。那份工作聽起來很適合我，但我還是無法如願。

我失望的心情，一定是一看就知道。「最好的總會到來。」母親提醒我。父親借車給我，於是我駕車行駛一百一十多公里，來到愛荷華州達文波特的ＷＯＣ電台。節目部主任是一位很不錯的蘇格蘭人，名叫彼得．麥克亞瑟。他告訴我，他們已經雇用一個播音員。我離開他的辦公室的時候，受挫的鬱悶心情一下子發作了。我大聲地問：「要是不能在電台工作，又怎麼可以成為一個體育播音員？」

我正在那裡等電梯，突然聽到麥克亞瑟的叫聲：「你剛才說體育什麼來著？你懂橄欖球嗎？」

接著，他讓我站在一架麥克風前面，叫我憑著想像，轉播一場比賽。前一年秋天，我所在的那個球隊在最後二十秒的時候，以一個六十五碼的猛衝擊敗對方。在那場比賽中，我打了十五分鐘。回想當時的情形，我激動地描述每個場景。之後。麥克亞瑟告訴我，我將會主播星期六的一場比賽。

成功與失敗同屬於所付出努力的偶然結果，期望成功只是我們的感情選擇。因此，我們應該以平常心對待成敗，成功固然高興，失敗也不必傷心，反正應該做的都做了，結果如何，坦然接受就是。

HRRRRR

—第6章—

勇敢面對，
一切都是最好的安排

Don't be too hard on yourself.

不如意的事情發生的時候，我們要面對現實，欣然接受曾經發生的一切。不懊惱，不沮喪，更不要只看一時。把眼光放遠，把人生視野加大，既不自怨自艾，也不怨天尤人，永遠樂觀而奮鬥，勇敢面對，相信天無絕人之路！

有勇氣的人，永遠不會失去自尊

什麼樣的人一定可以取得成功？**阿德勒的答案是：「這是每個人想要知道卻永遠無法得到答案的問題，因為就像沒有人註定是失敗的一樣，也沒有人一定可以成功。但是我們卻知道什麼樣的人最有可能取得成功，那就是：充滿勇氣的人。」**在今天看來，那些充滿勇氣的人，敢於面對人生中的所有問題，守正不阿，不甘屈服，有所不為。

很多人總是在將就湊合中生活，面對越來越多的不順利，只會自怨自艾。既然我們什麼都沒有，又渴望擁有更美好的人生，那還顧忌什麼？拿出勇氣，放手一搏！失敗了，還是過著最差生活的自己；成功了，就可以改變自己的命運。

一口枯井裡住著三隻青蛙，一大兩小。井裡只剩一灘汙水，還有偶然闖入井裡的飛蟲，只有這些讓牠們維持生命。最可憐的是兩隻小青蛙，不僅日子窮苦，還會經常受到大青蛙的欺負。

一天，兩隻小青蛙又受到大青蛙的欺負。一隻小青蛙對另一隻小青蛙說：「我們必須離開這裡，否則我們永遠沒有出頭之日。」

另一隻小青蛙說：「兄弟呀，我也知道這裡的日子不好過，但水還是夠用的，偶爾還有飛蟲進來，雖然我們經常受到欺負，但是至少還可以活命啊！」

「不，我想要離開這裡！」小青蛙說。

「不要妄想了，你知道外面的世界是什麼樣子嗎？說不定還不如這裡！再說，你唯一可以出去的辦法，就是跳到人類的水桶裡。人類把你捉住，不知道會對你怎麼樣！」另一隻小青蛙說。

小青蛙沒有說話。

一天，一位農夫從井裡打水澆地，小青蛙毅然跳到放進井裡的水桶裡。善良的農夫沒有為難這隻可愛的小青蛙，將牠放到田野裡。

田野裡風光無限，小青蛙過著快樂的生活。在井裡的那隻小青蛙，依然守著一灘汙水，繼續過著食不果腹和飽受欺辱的日子。

有些人的境遇就像那兩隻小青蛙，但是一些人在抱怨時運乖蹇而感到猶豫彷徨之時，另一些人已經開始振作精神，然後放手一搏。於是，前一類人繼續過著毫無生氣的生活，後一類人卻成為最大的贏家。一個循規蹈矩而安分守己的人，絕對不會為冒險付出任何代價。不敢走出去的人，永遠不會另闢蹊徑，單獨開闢一條道路。

美國南北戰爭以前，時局動盪不安，各種令人不安的消息不斷傳出。人們都在忙著安排自己的事情，包括家庭和財產。洛克菲勒卻沒有待在家裡數錢，而是利用自己的智慧，思考如何從戰爭中獲取附加利益。他想：戰爭會使食品和其他資源變得匱乏，交通中斷，使得商品的價格急劇波動。他想：這不是金光燦爛的「黃金屋」嗎？如果走進去，一定可以滿載而歸！

那個時候，洛克菲勒只有一家價值四千美元的經紀公司，他決定付出一切去拼一把。在沒有任何抵押的情況下，洛克菲勒用自己的設想打動一家銀行的總裁，籌到一筆資金。然後，他開始走南闖北的生意之路。一切都如他預想的那樣，第四年，他的經紀公司的利潤已經高達一萬多美元，是預付資產的四倍。在第一筆生意結帳以後不到半個月，南北戰爭就爆發了。緊接著，農產品價格又上升好幾倍。洛克菲勒所有的儲備都為他帶來巨額利潤，他的財富就像雪球一樣，越滾越大。

經過這件事情，洛克菲勒記住一個秘訣：成功的關鍵在於敢於投身進去奮鬥闖蕩。

有些人說：「趁著年輕出去闖一闖！世界上最悲慘的事情，莫過於總是安於現狀地在家裡不思進取。」**滿足於平庸生活的人是可悲的，一個人滿足於現有生活的時候，就已經開始退化。**敢於闖蕩的人總會發現一些新的東西，或是創造一些新的東西，並且總是可以想到別人想不到的地方。**敢為天下先，這是成功的必要條件。**

面對社會的紛繁變化和重重困難，有些人慼嘆自己的能力有限，而後失去勇往直前的勇氣，向困難低頭，另一些人卻做出不同的選擇，**正如阿德勒所說：「那些可以鼓足勇氣面對的人，卻會衝破重重阻撓，戰勝困難，不會在困難面前低下高貴的頭，他們永遠不會失去自尊。」**

拿出面對挫折的勇氣

從前，有一個鄉下人偶然來到城裡，看到那裡很多人騎馬來往，感到十分羨慕。於是，他立刻租了一匹馬，想要騎馬回家去炫耀一番。他很快就走上田間的小路，那匹馬看到野外有如此多的青草，十分興奮，於是大聲嘶叫向前奔跑。這個可憐的鄉下人被嚇壞了，抱著馬鞍驚叫，結果不小心摔下來，一頭栽進淤泥裡。

後來，鄉下人回家，十分感慨地對兒子說：「每個人都有禁忌，你也有，以後一定要記住，千萬不要騎馬。」

遇到挫折，我們學習的是下次如何不遇到它，而不是走路的時候，腳絆在石頭上而摔跤，就把自己的腳砍掉。我們可以避開那條路不走，也可以更小心一些，越過石頭走過去。

有些人遇到挫折就會一蹶不振，有些人遇到挫折就會從中學習，但是學習的方法卻有很大的問題。

對於一個瞭解人生意義的人來說，做事的時候不存在失敗的概念。事情做得不如意，沒有達到預期的效果，叫做沒有成功；事情做得很順利，達到預期的效果，叫做取得初步成功。對於這種人來說，始終保持一種積極進取的態度，從來不會放棄自己對理想的追求，也不會因為任何打擊而一蹶不振。挫折是他們成長的食糧，成功是對他們努力的鼓勵。在他們看來，活在世界上是為了一種使命，因為這種使命，他們往前迅速地奔跑；因為這種使命，他們摔倒以後繼續再跑；因為這種使命，成敗對於他們來說，不是那麼重要。**他們也曾經害怕失敗，就像剛學習游泳的人總是害怕被水嗆到，但是他們明白自己如果不繼續游，永遠不可能取得成功。**

正是因為這種心態，他們對成敗不會看得太重，他們是可以失敗和不怕失敗的人。正是因為他們可以失敗和不怕失敗，所以他們不會遇到很多挫折，可以取得更大的成功。**我們害怕什麼東西，它們就會圍繞在我們周圍揮之不去。**就像一個人害怕公開演講一樣，越是害怕，越容易在演講的時候出錯。一個木桶的盛水量是由最短的木板決定的，我們的能力發揮同樣如此，各個方面的能力構成許多木板，哪一塊木板比較短，就會影響整體能力的發揮。

看待挫折的時候，應該有一個良好的心態，不要把挫折看得太重。跌倒了，立刻爬起來就走，不要躺在地上呻吟，抱怨自己為何如此命苦，上天對自己為何如此不公平。摔傷了，就當作沒有受傷一樣，不要總是盯著傷口，感嘆這個傷口怎麼這麼疼，這個傷口不知道什麼時候會痊癒。傷口是否痊癒和自己的關注雖然沒有直接關係，但是關注太多容易自怨自艾，讓自己的心中產生陰霾。如果別人傷害你，千萬不要覺得自己很委屈，如果你覺得委屈，受到的傷害就會加深一層。遇到這種情況的時候，我們要學會用坦蕩磊落的心胸對待，就像沒有發生任何事情一樣。尤其是感情受到傷害的時候，更應該如此。

不要把成功看得太重，也不要把失敗看得太重。沒有人會在臨終的時候對家人說：「我很後悔，小學五年級的時候考試沒有及格。」到最後，我們往往會長嘆一口氣，想到自己一生經歷那麼多挫折真是不簡單，挫折在這個時候也會變得十分可愛。

挫折和失敗是對人生的拋光，只有勇敢跨過這種磨練之後，才可以更好地把握機會，取得成功。

困難沒有想像中的大

困難沒有想像中的大，在做事的時候，必須保持強烈的信念。**信念不僅是一種指導原則，而且也是一種信仰，可以讓人們瞭解人生的意義和方向。**同時，信念就像一張濾網，可以對人們看到的世界進行過濾。信念也是一個指揮中樞，可以按照自己所相信的，指揮人們主動接受事情的變化。如果相信自己會成功，信念就可以促成這種成功。但是，如果莫名其妙地相信自己會失敗，信念也會帶來各種莫名其妙的失敗。

在這個世界上，似乎聰明的人往往不必透過努力就可以獲得成功。其實這是一個假象，沒有不透過努力就獲得成功的人。**有一種人，他們永遠不會成功，原因是他們沒有自信和樂觀的心態，而是不停地抱怨。**

面對困難要保持樂觀，樂觀的人和悲觀的人看到同樣的事情，往往會得出截然不同的結論。

例如：一個杯子裡盛有半杯水，樂觀的人看到的是杯子的一半是滿的，悲觀的人看到的是杯子的一半是空的。遇到困難和挫折，樂觀的人會十分客觀地分析各種原因，最後得出的結論往往是客觀條件不允許，而不是自己的能力不行；悲觀的人第一反應往往是自己出現問題，而且自己永遠不會成功。**很多時候，成功者之所以成功，就是因為具有積極樂觀的心態，他們從來不會懷疑自己的能力，也不會怨天尤人。對於他們來說，永遠不會存在失敗，而是此時此刻沒有成功。**成功和失敗是有本質區別的：沒有成功，表示還在朝著成功的方向努力，失敗卻是代表一個結果。

困難是欺善怕惡的東西，你退縮一步，它會前進兩步。只有你勇往直前的時候，不被任何困難嚇倒的時候，困難才會離你遠去。其實，人生如果過於順利，或許就無法體會到其中的很多樂趣。不妨在困難中，靜下心來體會和享受。

困難沒有想像中的大，對每個人而言，我們沒有理由不樂觀。我們有一輩子的時間來實現自己的理想，有一輩子的時間來規劃自己的人生。我們有健康的身體，有思想、有智慧、有知識，比起世界上很多人來說，我們已經是很幸福的。我們完全有理由擁有樂觀的心態，而且很多時候，尤其是年輕的時候，更應該學會「盲目樂觀」一些。「盲目樂觀」代表一種跌倒以後永遠不服輸的決心，甚至在心中根本沒有「輸」這個字眼。我們在小時候可以學到很多東西，那個時候吸收知識特別快，原因就在於小時候根本沒有失敗的意識，只是憑著自己的興趣或是韌性，去做自己想要做的事情。隨著我們慢慢長大，經歷的事情多了，失敗逐漸成為自己的一種意識，害怕失敗，或是刻意迴避失敗，最後是不可避免地失敗。**相反地，那些「盲目樂觀」的人，在他們的意識中根本沒有失敗的意識，只知道不斷地向前衝，只知道不斷地追求。失敗對於他們而言，不再是界限，也不是他們的極限，他們沒有失敗的概念。**

很多成功人士之所以成功，就是根本沒有想到失敗。如果當初想到失敗，他們就不會取得成功。因為在他們心中，有一種積極樂觀的態度，所以他們比一般人更願意去承擔風險，也會享有更多的回報。事情沒有到最後一步，誰都不知道結果將會如何發展，之所以害怕失敗，往往是因為對自己沒有信心，對事情的把握力度不夠。在這種情況下，一方面要增強自己的信心，對事情進一步調查掌握；另一方面要學會讓自己樂觀，用樂觀的情緒激發自己最大的潛力。

當然，樂觀不是盲目驕傲，也不是莽撞衝動，樂觀是建立在對事情的基本把握上。困難永遠沒有想像中的那麼大，我們沒有理由不樂觀。

困難永遠沒有想像中的那麼大，有時候只是我們在無形中誇大很多。只要我們積極樂觀地面對，困難就會被我們踩在腳下。

學會給自己加油

人生難免遇到低潮，我們遇到低潮的時候，誰來拍拍我們的肩膀，給我們打氣？事實上，我們遇到低潮的時候，真正可以為我們打氣的人寥寥無幾。或許你的老師和長輩會為你打氣，但是他們不可能每天拍著你的肩膀。父母兄弟？他們當然疼愛你，但他們卻是最有可能打擊你的人——很多父母看到陷入低潮的子女，不僅沒有鼓勵，反而不斷責罵。很多兄弟之間也是如此。

你遇到低潮的時候，要自己鼓勵自己！

我們不否定別人的鼓勵作用，事實上，別人的鼓勵會讓你暫時走出無助，找到振臂一呼的感覺，可是那股奮起的力量終究會曇花一現。

千萬不要乞求和期望得到別人的鼓勵，因為那樣只會讓你像一個可憐蟲，這種鼓勵帶有憐憫

的意味。千萬不要依靠別人的鼓勵來產生勇氣和力量，因為未來的道路還會有許多坎坷，不是每次你低潮的時候，都會有人來鼓勵你。

學會鼓勵自己，讓勇氣和力量在心中生長。這樣一來，你內在的能量就像打開泉眼，泉水源源湧出，任何時候你都可以取用。

遇到低潮的時候，首先要有「活下去」的決心，因為這是「自己鼓勵自己」的先決條件。

你要告訴自己：我一定要走過這個低潮，我要做給別人看，向所有人證明自己！我要為自己爭一口氣，不要被別人看輕。

有這樣堅定的信念，你就會從此崛起，無所不能。生活中，還會有挫折與沮喪和漫漫長夜的等待，只要你握著一支希望的蠟燭，播下辛勤的種子，人生就會收穫豐碩的果實。

你可以在牆上貼滿勵志標語，每天在固定的時間默念；你可以找一個僻靜的地方，痛快地流淚；你可以閱讀成功人士的傳記；你可以借助運動來強化意志，忘卻沮喪。

遭遇心靈低谷的時候，還是要把頭抬起來，把腰板挺直。堅強一點！挺一挺就過去了！

要有戰勝困難的信心

有一個韓國學生到劍橋大學讀書，主修心理學。他喜歡喝下午茶，因為在那裡他可以和一些成功人士聊天。這些成功人士之中，不乏某些領域的學術權威，或是創造經濟和政治神話的人，當然也少不了諾貝爾獎得主。在他的心目中，這些人必然是經歷千辛萬苦又運氣十足地取得今天的成績。透過聊天，他發現這些人非常幽默風趣。更讓他吃驚的是，這些人竟然把自己的成功看成是非常自然而順理成章的事情。原來，取得成功不是那麼困難，只是有些人描述自己創業的時候，誇大自己的艱辛。正是因為這種誇大，使很多正在創業的人退卻了。

這個學生認為自己有必要對韓國成功人士的心態加以分析和研究。後來，他把自己的研究成果寫成《成功不像你想像的那麼難》，並且作為畢業論文提交給他的教授。他的教授看了以後十分驚喜，認為這是一個難得的新發現，把成功中的艱辛誇大的現象不僅存在於東方社會，在世界各地也是普遍存在，但是從來沒有人敢於提出來並且加以研究。教授這樣描述自己的感受：「我無法說出這篇文章到底可以給你多大的幫助，但是我可以肯定的是，它比任何一個政令更可以產生震動。」

後來的事實證明，這篇文章跟隨韓國的經濟起飛了。正是這本書鼓舞一代又一代的韓國人，告訴他們從新的角度來看待成功，成功雖然需要艱難困苦的努力，但是沒有想像中的那麼困難。只要長久地對某個事業感興趣，而且堅持下去，就一定會取得成功，因為上天已經賦予我們足夠的時間和智慧去圓滿地做成一件事情。這個學生後來也取得偉大的成功，成為韓國某汽車公司的總裁。

在困難面前，我們要有積極的心態。如果一個人總是抱持下坡的想法爬山，絕對無法爬上山頂。同樣的道理，如果一個人的世界總是沉悶而無望，就無法改變自己的世界。**想要改變自己的世界，首先要做的是：改變自己的心態。一個人的心態正確，才可以在緊要關頭把握機會。**

我們的心態決定我們的行為，心態積極向上就可以取得最大的成功。很多困難都被我們誇大，在大多數情況下，困難沒有想像中的那麼嚴重，只是在我們心中，一種畏難的情緒讓自己把它看得過於嚴重。

不要迷信於別人的說法，不要太相信別人的經驗，要始終相信自己應對困難的能力。

HRRRR

第7章

生命不是交換，不要讓斤斤計較害了你

Don't be too hard on yourself.

人生不是等價交換，凡事不要斤斤計較，不要想著付出就要有回報。有時候，一些無傷大雅的事情沒有必要斤斤計較，不要讓生活中的一些瑣事去影響現在的一切。不計較是一種優秀的品格，放棄計較吧，你的人生將會充滿快樂。

做人不要太計較

計較是人性的缺點，它讓我們失去太多寶貴的東西。一個快樂的人，不是擁有的東西多，而是計較的東西少；一個斤斤計較的人，失去的不僅是快樂，還有更珍貴的東西。

你與金錢計較的時候，金錢也會與你計較，所以我們要看得開。**只有不是為金錢而活著的時候，才有可能獲得更多的錢——金錢只是成功的附屬品而已。**

你與別人計較的時候，別人也會與你計較。做人不要太計較，要努力改變自己，努力喜歡周圍的每個人，這樣別人才會喜歡你。

一個喜歡所有人的人，一定是寬容、善良、厚道、正直的人。喜歡別人的同時，也可以改變自己的性格，就會發現自己越來越寬容、善良、厚道、正直，變得容易與別人接近。

假如你是一位家長，就要給孩子做出榜樣，不可以隨意放縱自己，不可以教壞孩子還去指責孩子，因為你不要忘記，在要求孩子做的時候，自己也要嚴格要求自己。

假如你是一位主管，就要全面地考慮問題，也要好好地要求自己，率先垂範，才有資格去要求別人。

假如你已經結婚，同樣的家庭責任在你的肩上，你首先必須去做好，盡到自己應該盡的家庭責任，否則你無權指責對方。

……

只有這樣，我們才可以變得比較快樂。與朋友的相處也是一樣，千萬不要斤斤計較。

朋友之間，有時候為「誰付出比較多，誰沒有付出」而發生爭執和衝突是正常的，關鍵看你如何處理，千萬不要過於計較，一計較就像一盤菜裡落進灰塵，那就難吃了，所以吵歸吵，不要總是抓著問題不放。第一天爭了幾句，第二天見面，應該像前一天沒有發生爭吵一樣，盡可能改變話題，不要接著昨天的話題繼續爭個輸贏。

《聖經》裡有一個故事：

一個園主，清晨出去為自己的葡萄園雇工人。他與工人議定一天一個「德納」，就派他們到葡萄園。

約在第三時辰，他又出去，看見有些人在街上閒立著，就對他們說：「你們也到我的葡萄園吧！我一天給你們一個『德納』。」他們就去了。

約在第六和第九時辰，他又出去，也照樣做了。

約在第十一時辰，他又出去，還是看見有些人站在那裡，就對他們說：「為什麼你們每天站在這裡閒著？」那些人對他說：「因為沒有人雇我們。」他對那些人說：「你們也到我的葡萄園吧！」到了晚上，葡萄園的主人對管事人說：「你叫他們來，分給他們工資，由最後的開始，直到最先的。」

那些約在第十一時辰來的人，每個人領了一個「德納」。那些最先雇的人前來，心想自己必定會多領，但是只領了一個「德納」。他們領到錢以後，就抱怨主人：「這些最後雇的人，僅僅工作一個時辰，你竟然將他們與我們這些整天受苦受熱的同等看待，這樣公平嗎？」

他答覆其中一個人：「朋友！我沒有虧待你，你不是和我議定一個『德納』嗎？拿你的錢走吧！」

是啊，這是提前約定好的！所以不要過分計較。如果過於執著這一點，很難找到快樂。**我們應該對自己要求更嚴格，對別人多一些理解，得到的也許是更多的理解、尊重、幸福、快樂！自己的生活也會充滿陽光。**

不要在乎別人的評價

哲人有一句話說得好：**「棍棒和石頭或許會擊傷你的肋骨，但是語言無法傷害我。」**總之，對於流言蜚語和議論，我們不必放在心上。有一句話曾經非常流行：「走自己的路，讓別人去說吧！」**對此，心理學家有科學的解釋，他們認為，大多數情緒低落而無法適應環境的人，都是因為缺乏自知之明。**他們自恨福淺，又要和別人相比，總是夢想如果可以有別人的機緣，就會如何如何……其實，只要可以客觀地認識自己，就可以走出情緒的低谷，激發出超越的激情。**那些令許多人羨慕不已的成功人士，他們可以取得偉大的成就，正是因為可以超越大多數人的標準，不為別人的評價所影響。**

美國著名企業家麥可在從商之前，只是一家飯店裡的普通服務生。他每天的工作，就是替那些有錢人搬行李和擦車子。但是，年輕的麥可沒有像他的同事們那樣甘於平庸。

有一次，一位客人將自己豪華的勞斯萊斯轎車停放在飯店門口，吩咐麥可將車子擦乾淨。當時的麥可還是一個沒有見過多少世面的年輕人，第一次看到這麼漂亮的汽車，所以擦完車子之後，他忍不住打開車門，想要坐上去享受一番。誰知，就在他還沒有坐穩的時候，飯店領班正好走過來。領班看到麥可竟然坐在客人的轎車裡，立刻大聲喝斥：「你瘋了嗎？不知道自己的身分和地位，像你這種人，一輩子也不配坐勞斯萊斯！」

麥可雖然知道自己犯錯，可是他感覺到自己的人格受到汙辱，他當時只有一個念頭：我發誓，這輩子不僅要坐上勞斯萊斯，而且要擁有自己的勞斯萊斯！

信念的力量就是這樣的強大，至少是在這種力量的鼓舞下，麥可後來沒有像其他同事一樣，一直替人搬行李和擦車子，最多做一個領班，而是擁有自己的事業，也擁有自己的勞斯萊斯。

讓我們再來看看以下這些案例：

愛因斯坦四歲才會說話，七歲才會認字。老師給他的評語是：「反應遲鈍，不合群，滿腦子不切實際的幻想。」他因此曾經被勸退學。

牛頓在小學的成績一團糟，曾經被老師和同學稱為「呆子」。

羅丹的父親曾經抱怨自己生下一個白痴兒子，在眾人眼中，羅丹是一個沒有前途的學生，藝術學院考了三次，還是考不進去。

托爾斯泰讀大學的時候，因為成績太差而被勸退學。老師認為：「他既沒有讀書的頭腦，又缺乏學習的興趣。」

……

試想，如果這些人後來不是「走自己的路」，而是被別人的評論所影響，又怎麼可能取得舉世矚目的成就？

現實中，每個人都在不斷地檢視自己的特性和特質，包括許多與生俱來而無法改變的，例如：身材、身高、性別、五官、種族和文化傳承、年齡、才華、智商……同時，更多人只是從周圍世界瞭解到的標準和印象來評斷自己，例如：對於體形——「苗條就是美」，對於青春——

「你們是早晨八點鐘的太陽，希望寄託在你們身上」，對於學歷——「文憑就是鐵飯碗」……

然而，別人的評價無法判定你的現在，更無法預測你的未來，因為只有你真正瞭解自己的優點和弱點，只有你才可以掌握自己的未來，除此之外，任何人都無法真正影響你。從這一點上說，你需要不斷為自己打分數，並且實事求是地評價自己，絕對不能有自卑的心理。

快樂的人生不計較

現在很多人活得非常不快樂，究其原因就在於總是計較得與失，給自己增加很多煩惱。快樂真的很簡單，只要你不計較！

王醫師的心理診所曾經治療一個病人。有一天，他氣勢洶洶地跑來問王醫師：「你不是說付出是快樂的嗎？我已經付出了，為什麼還是不快樂？」她講了一些令自己生氣的事情：她和一個朋友在同一處工作，她們幾乎每天在一起。她們在一起的每件事情，都是她在付出——一起吃飯，是她付錢；一起購物，是她結帳；她的東西，只要那個朋友喜歡就會拿走，不理會她是否同意。

聽到這個人的敘述，王醫師覺得非常可笑。如果你在付出的時候不是心甘情願，就請你不要去做，何必要在事情發生以後再來抱怨？我們經常用兩肋插刀來形容朋友，既然插刀都可以，一點點的付出又何必計較！難道這不是自己給自己找煩惱嗎？

有些人做人做事過於精明和斤斤計較，名利地位和金錢美色都想要擁有。殊不知，這樣的生活會過得非常累，讓自己有一種喘不過氣的感覺。反之，什麼都不計較，什麼都馬馬虎虎，什麼都可以湊合，這樣的人生也不行，反而沒有任何追求。**聰明的人以及有生活智慧的人，會有所為有所不為，只計較對自己最重要的東西，有取有捨，收放自如，所以通常活得比平常人更快樂一些。**

蘇格拉底就是這種人。他還是單身漢的時候，和幾個朋友住在一間只有三坪的房子裡，就連轉身也很困難，可是他每天總是很開心，別人對此甚是不解。曾經有人問他：「你這裡的環境很差，怎麼還這麼高興？」蘇格拉底回答：「因為有朋友啊！」在他的心裡，他覺得和朋友們在一起，隨時可以交換思想和交流感情，是一件很快樂的事情。

後來，朋友們紛紛成家，先後搬出去，只剩下蘇格拉底一人，但是他每天仍然很快樂。許多人又不明白，怎麼只剩下他一個人，還可以這麼快樂？他說：「因為我有很多書啊，一本書就是一個老師，每天都可以向它們請教，是一件很快樂的事情。」

幾年以後，蘇格拉底也成家了。住在七層樓的最底層，屬於最差的地方，不安全也不衛生，經常有人往下面潑汙水，亂扔臭襪子。可是他卻不在乎，依然喜氣洋洋，並且堅持認為住在一樓有許多好處，例如：進門就是家，不用爬樓梯，搬東西方便，朋友來訪也很方便，還可以在空地上種花……一年以後，因為一個中風的朋友上樓不方便，蘇格拉底與他互換房間，住到樓房的最高層。同樣，他仍然覺得很開心很滿意。因為爬樓梯可以鍛鍊身體，住在高層光線好，可以安靜地看書寫文章。

鄉村有一對清貧的老夫婦，有一天，他們想要把家中唯一值錢的一匹馬拉到市場上換一些更有用的東西。老先生牽著馬去趕集，他先跟別人換得一頭母牛，又用母牛去換一隻羊，再用羊換來一隻肥鵝，又把肥鵝換了母雞，最後用母雞換了別人一袋爛蘋果。

在每次交換中，他都想要給妻子一個驚喜。

他扛著袋子來到一家旅館歇息的時候，遇到兩個英國人。閒聊中，他談到自己趕集的經過，兩個英國人聽得哈哈大笑，說他回去一定會被妻子罵。

老先生堅稱絕對不會，英國人就用一袋金幣打賭，於是他們一起跟老先生回到家中。

老婆婆看見丈夫回來了，非常高興，興奮地聽著丈夫講述趕集的經過。聽到丈夫講到用一種東西換了另一種東西的時候，她都會充滿對丈夫的欽佩。

她的嘴裡不時地說著：「哦，我們有牛奶了！」

「羊奶也同樣好喝。」

「哦，鵝毛多麼漂亮啊！」

「哦，我們有雞蛋吃了！」

最後，聽到丈夫背回一袋已經開始腐爛的蘋果，她同樣不慍不惱，大聲說：「我們今天晚上就可以吃到蘋果餡餅！」

結果，英國人輸掉一袋金幣。

不計較的人生是多麼的快樂。快樂不是因為擁有的多，而是計較的少。讓外表更簡單，內涵就會更豐富；讓需求更簡單，心靈就會更豐富；讓環境更簡單，空間就會更豐富。

做人不要計較得失

法國有一家報紙曾經刊登一個智力問答：如果羅浮宮發生火災，此時只能將一幅名畫拿出去，你會選擇哪一幅？很多人回答，當然是達文西的《蒙娜麗莎》，可是這幅「永恆的微笑」在最裡面的展示廳。最後，一位社會學家給出最合理的答案：拿距離出口最近的那幅畫。理由很簡單，因為這樣最容易實現。

有一架飛機坐著三個人，一個是物理學家，一個是總統，還有一個是哲學家。突然之間，飛機發生故障，必須讓其中一個人跳傘以減輕飛機的負重，請問在這個時候，你會選擇哪一個？結果是眾說紛紜，答案是選擇體重最重的那個。理由也很簡單，這樣可以保證飛機最小負重，保證安全。

一個人的得失心不要太重，太重會影響自己的成長。人生沒有失敗，也很少會有後悔，唯一後悔的是：自己用太多時間和精力去計較得失。

三十年前，有一個年輕人想要離開故鄉，去創造自己的未來。根據鄉里的規矩，他動身的第一站應該去拜訪本族的族長，以便求得指點。這個年輕人去見族長的時候，族長正在練字。族長聽說他想要離開故鄉去外地闖蕩，想了想，立刻揮毫寫了三個字：不要怕。然後望著年輕人說：「其實，人們一生的秘訣沒有什麼，只有六個字，今天我先告訴你三個，我想這三個字已經夠你半生受用。」

三十年過去了，當初離家的那個年輕人已經到了中年，取得一些成就，但是也有許多傷心事。此時，他特地回到家鄉，去見那個族長。很快地，他來到族長家，不幸的是，族長在幾年前就已經去世了。然而，族長的家人卻取出一封信給這個人，對他說這是族長留給他的東西。這個時候，還鄉的遊子才想起來三十年前他還有一半的人生秘訣沒有聽到，打開信一看，裡面赫然又是三個字：不要悔。

不要怕，不要悔，這是對人生很深刻的體會。人生沒有失敗，所以不要去害怕什麼。別人可以做到的，自己同樣可以做到；別人不能做到的，自己為什麼不能做到。有這種感悟，就不要再擔心以後會發生什麼。人生是沒有失敗的，最終都會取得成功。

後悔是一種耗費精神的情緒，後悔是比損失更大的損失，比錯誤更大的錯誤。所以不要後悔，無論曾經是否傷害別人，是否做錯事情，都要告誡自己不要後悔。傷害別人，想辦法給別人補償；做錯事情，以後不要再犯同樣的錯誤，這樣才可以進步，在將來的日子裡，才可以獲得非比尋常的成就。

可以得到的就得到，不能得到的就不得，不要太在意別人的想法，如果你將別人的價值觀變成自己的價值觀，那是一件非常痛苦的事情。

豁達是人生至高的境界

豁達是一種至高的人生境界，是一種高尚的道德修養，是一種優秀的傳統美德。豁達是原諒可容之言、包涵可容之人、饒恕可容之事，時時寬容，事事忍讓。只有這樣，才可以讓自己達到寵辱不驚的境界，創造安寧的心境。

豁達是一種情操，更是一種修養。**只有豁達的人，才會真正懂得善待自己，善待別人，生活才會充滿快樂。**

豁達也有程度的區別，有些人對容忍範圍之內的事情很豁達，如果超出某種限度，就會突然改變，表現出完全相異的反應。最豁達的人，具有一種遊戲精神，會將容忍限度擴大。

一個身經百戰、出生入死、從未有畏懼之心的將軍，解甲歸田以後，以收藏古董為樂。一天，他在把玩最心愛的一件古瓶，差一點脫手，嚇出一身冷汗，突然若有所悟：「當年，我出生入死，毫無畏懼，現在怎麼會嚇出一身冷汗？」片刻以後，他悟通了——因為我迷戀它，才會有憂患得失之心，破除這種迷戀，就沒有東西可以傷害我，遂將古瓶擲碎於地。

豁達者的遊戲精神，即是如此。既然把某件事情視為一種遊戲，儘管同樣會滿懷熱情，盡心盡力地投入，但是真正欣賞的只是做這件事情的過程，而不是目的——遊戲的樂趣在於過程之中，就可以解除得失之心的困擾。

一位店主的年輕工人總是遲到，並且每次都以手錶有問題作為理由。於是，那位店主對他說：「恐怕你要換一個手錶，否則我會換一位工人。」這句話軟中帶硬，既保住對方的面子，又嚴厲地指出對方的過失，這樣比較容易讓對方接受。

豁達才會贏得擁戴，一個領導者必須有寬大的心胸，才可以包容形形色色的下屬、各種人的個性、工作中的各種壓力，站在自己事業的高處。

一位德高望重的長老，在寺院的高牆邊發現一把椅子，他知道有人藉此越牆到寺外。長老搬走椅子，憑感覺在這裡等候。

午夜，外出的小和尚爬上牆，再跳到「椅子」上，他覺得「椅子」不似先前硬，軟軟的，甚至有些彈性。落地以後，小和尚定眼一看，才知道椅子已經變成長老，原來他跳在長老的身上，是長老用脊樑去承接他。

小和尚倉皇離去，以後一段日子，他誠惶誠恐等候長老的發落。但是長老沒有這樣做，完全沒有提及這件「天知地知你知我知」的事情。小和尚從長老的寬容中獲得啟示，他收住心沒有再去翻牆，而是透過刻苦的修煉，成為寺院裡的佼佼者。若干年以後，他成為這座寺院的長老。

有一位老師發現一位學生上課的時候，經常低著頭畫些什麼。有一天，他走過去拿起學生的畫，發現畫中的人物正是齜牙咧嘴的自己。

老師沒有生氣，只是憨憨地笑了笑，要學生下課以後再加工一下，畫得更神似一些。自此，那位學生上課的時候沒有再畫畫，各門課都學得不錯，後來成為頗有造詣的漫畫家。

透過以上的例子，我們可以歸結出一點：主角以後的有所作為，與當初長老和老師的寬容不無關係。**寬容是一種無聲的教育，是寬容喚起的潛意識糾正他們的人生之舵。**

如果長老搬去椅子對小和尚施以懲罰，「殺一儆百」也是合情合理的，小和尚也許會從此收斂，但是可能不會真正地反省。同樣地，如果老師對學生的惡作劇大發雷霆，並且狠狠地加以批評，可能學生以後再也不敢在課堂上做其他事情，但是在學生的心中會留下傷痕，可能就沒有後來的成就。

在日常生活中，有些人在背後傳播你的謠言，或是說你的壞話，你是想要找機會報復他們，還是不與他們爭執而寬容他們？你的親戚或摯友有意無意地做出對不起你的事情，你是與他們從此絕交，還是默默承受寬容他們？如果你是一個處事冷靜的人，就應該選擇寬容，這樣的選擇對自己和別人都有好處。**因為寬容不僅可以使自己從仇恨與煩惱中解放出來，每天都有好心情，還可以讓自己的身體因為放鬆而健康，更可以讓自己在和諧中交際，擁有一個好人緣。**

少一些計較心，多一些寬容心

做人不能什麼事情都不在乎，遊戲人生，玩世不恭，但是也不能太計較。「水至清則無魚，人至察則無徒。」**太認真，就會對什麼都看不慣，連一個朋友也容不下，就會把自己封閉和孤立起來，失去與外界的溝通和交往。**

桌面很平整，但是在高倍放大鏡下，儼然凹凸不平的黃土高坡；居住的房間看起來乾淨衛生，陽光射進窗戶的時候，就會看到許多粉塵和灰粒瀰漫在空氣中。如果我們每天都帶著放大鏡和顯微鏡去看東西，恐怕世界上沒有多少可以吃的食物、可以喝的水、可以居住的環境。如果用這種方式去看別人，世界上就沒有美，每個人都是全身的毛病，甚至是十惡不赦的壞蛋。

人非聖賢，孰能無過，活在世上難免要與別人打交道，對待別人的過失和缺陷，寬容大度一些，不要吹毛求疵和求全責備，可以求大同存小異，甚至可以糊塗一些。如果堅持要「明察秋毫」，眼裡揉不進沙子，過分挑剔，一些雞毛蒜皮的小事也要去爭論是非曲直，別人就會逐漸疏遠你，最終你就會變成孤家寡人。

多數人只是在一些小事上計較，例如：菜市場上，人們經常因為幾塊錢爭得臉紅脖子粗，不肯相讓。至於一台電視五千元和五千一百元的一百元差價，人們經常就會忽略，不去計較。

為人處世，應該去除斤斤計較的狹隘心，以豁達的心胸對待人際交往中產生的問題和糾紛。大事化小，小事化無，當一個笑口常開的人，生活就會多幾分安寧和祥和。有一位智者說，大街上有人罵他，他根本懶得回頭，不想知道罵他的人是誰，因為人生短暫而寶貴，還有更重要的事情需要去做，何必為這種令人不愉快的事情去浪費時間？

提倡對某些事情不必太計較，可以「敷衍了事」，目的在於有更多的時間和精力去做我們認為值得做的重要事情，這樣一來，我們成功的希望就可以增加一分，朋友的圈子就可以擴大幾分。

HRRRR

—第8章—

什麼都想要，
什麼也得不到

Don't be too hard on yourself.

人生是既複雜又簡單的，說其複雜，是因為它存在許多複雜的思想和意識；說其簡單，是因為它可以讓我們的心懂得如何取得和放棄。應該取得的需要努力爭取，不應該取得的就要決然放棄。取得往往容易心情坦然，放棄卻需要很大的勇氣。所以，如果想要駕馭自己的生命之舟，就必須懂得：學會放棄！

扔掉過多而無用的目標

在一個大學畢業典禮上，校長在致辭的結尾引用一個寓言故事。

草原上，三隻獵狗追逐一隻土撥鼠，土撥鼠機靈地鑽進一個洞穴。突然，從洞穴裡竄出一隻兔子，兔子飛快地向前跑，並且跳上一棵樹。三隻獵狗緊追不捨，尾隨而至。兔子在樹枝上沒有站穩，掉了下來，正好砸暈仰頭觀望的獵狗，於是兔子順利逃脫。

故事說完，台下許多學生提出各自的疑問：

「兔子怎麼會爬樹？一隻兔子怎麼可能同時壓暈三隻獵狗？」

「這些問題都問得不錯，顯示故事的荒誕。」校長說完，沉默了一陣子，等學生們紛紛投來疑惑目光的時候，他有些失望地說：「可是更重要的，你們卻沒有問——獵狗當初真正要追捕的是什麼？土撥鼠去哪裡了……」

還有一個寓言故事：

有一位父親帶著三個孩子，到沙漠去獵殺駱駝。

他們到達目的地。

父親問老大：「你看到什麼？」

老大回答：「我看到獵槍和駱駝，還有一望無際的沙漠。」

父親搖搖頭說：「不對。」

父親以相同的問題問老二。

老二回答：「我看到爸爸、哥哥、弟弟、獵槍、駱駝，還有一望無際的沙漠。」

父親又搖搖頭說：「不對。」

父親又以相同的問題問老三。

老三回答：「我只有看到駱駝。」

父親高興地點點頭說：「答對了。」

一個人如果想要走上成功之路，首先必須有明確的目標。目標確立之後，就要心無旁騖，集中全部精力，勇往直進。

每個人都希望找到各自人生的目的與意義，最終實現自己的目標。然而，在人生的道路上，阻礙我們走向成功的，往往不是艱難困苦，而是一路上太多的誘惑。在這些誘惑的影響下，漸行漸遠，最終偏離最初的人生規劃，南轅北轍，甚至迷失自己。

當然，只有目標也是不夠的，重要的是：要有明確的目標。

一個人不成功，是因為不會選擇目標，要善於丟棄目標，丟棄應該丟棄的目標，就容易成功。最不成功的人，就是盲目追求新目標的人。

一個六歲孩子的母親，希望自己的孩子多才多藝，但是在為孩子報名才藝班的時候感到困擾。她總是拿不定主意，今天想要讓孩子學畫畫，明天想要讓孩子學跳舞，後天想要讓孩子學鋼琴，因為沒有具體的目標，孩子逐漸長大，什麼都學一些，卻樣樣無法精通，在各個方面都顯得很平庸。

與此相反，她的鄰居對待這種問題的思路卻不一樣。因為鄰居的孩子最喜歡跳舞，父母就按照孩子的意願去創造條件，不管將來孩子能否成為舞蹈家。因為全家人一直朝著這個目標去努力，那個孩子最後進入演藝界，取得很好的成績。

不斷地苛求最好最完善，最後得到的只是遺憾。

我們在一生中精力旺盛的時間是有限的，但是在追求目標的時候，多數人是不考慮時間的，只是在不斷地追求新的目標，不管它是否適合自己，只要看到新的目標就要追求，於是非常盲目地把自己很多寶貴的時間都浪費了。所以，我們在新的目標出現的時候，要選擇最適當的目標，然後痛快地做出決定，做好取捨，把不重要的目標丟棄。這樣一來，我們就會明確自己的目標，進而全力以赴，直到成功，也等於是延長生命。

攤開雙手，世界在你手裡

一天，有一位大學教授特地向日本明治時代著名禪師南隱問禪。南隱以禮相待，卻不說禪，他將茶水注入這位來客的杯子，杯子已經滿了，卻還在繼續注入。

這位教授眼睜睜地望著茶水不停地溢出杯外，終於無法沉默，大聲說：「已經溢出來了，不能再倒了。」

「你就像杯子，」南隱回答，「裡面裝滿你自己的看法，你不先把自己的杯子倒空，讓我如何對你說禪？」

有時候，如果我們只抓住自己的東西不放，就無法接受別人的東西。特別是現代社會，人們變得越來越貪婪，有些人什麼都不願意放棄，結果卻什麼也得不到。

對於高人來說，放棄不是失敗，而是智慧。

學會放棄，是放棄不切實際的幻想和難以實現的目標，而不是放棄為之奮鬥的過程和努力；是放棄毫無意義的爭鬥和沒有價值的索取，而不是放棄奮鬥的動力和生命的活力；是放棄金錢地位的搏殺和奢侈生活的創造，而不是放棄對美好生活的嚮往和追求。

兩個朋友一同去參觀動物園。動物園非常大，他們的時間有限，不可能參觀所有的動物。於是，他們約定：不走回頭路，每到一處路口，選擇其中一個方向前進。第一個路口出現在眼前的時候，路標上寫著一側通往獅子園，另一側通往老虎山。他們考慮一下，選擇獅子園，因為獅子是「草原之王」。又到一處路口，分別通往熊貓館和孔雀館，他們選擇熊貓館，因為熊貓是「國寶」……

他們一邊走，一邊選擇。每選擇一次，就放棄一次，遺憾一次。但是他們必須當機立斷，如果猶豫不決，時間不等人，他們失去的將會更多。只有迅速做出選擇，才可以減少遺憾，得到更多的收穫。

心理學家做過一個實驗：將一條饑餓的鱷魚和一些小魚放在一個箱子的兩端，中間用一塊透明的玻璃隔開。剛開始，鱷魚毫不猶豫地向小魚發動進攻，牠失敗了。但是牠不氣餒，接著，又向小魚發動第二次更猛烈的進攻，牠又失敗了，並且受傷了。

牠還要進攻，第三次，第四次……多次進攻無望以後，牠再也不進攻了。這個時候，心理學家將隔板拿開，鱷魚仍然一動也不動，只是無望地看著這些小魚在自己的周圍悠閒地游來游去。牠放棄所有努力，最終活活餓死。

一隻蝴蝶從敞開的窗戶飛進來，在房間裡一圈一圈地飛舞，有些驚慌失措。顯然，牠迷路了，左衝右突努力很多次，都沒有飛出房間。

這隻蝴蝶之所以無法從原路飛出去，原因是牠總在房間頂部的空間尋找出路，不願意往低處飛，低一點的位置就是敞開的窗戶。甚至有好幾次，牠飛到高於窗戶頂部至多兩三寸的位置，但就是不願意再飛低一些！

最終，這隻不願意低飛一些的蝴蝶耗盡氣力，奄奄一息地落在桌子上，就像一片毫無生氣的葉子。

有一首老歌，歌詞最後幾句是這樣的：「原來人生必須要學習放棄，答案不可預期；原來結局最後才能看得清，來來去去何必在意。」是啊！人生在世，何懼放棄。

正是因為不懂得捨棄，才會有許多痛苦。自己有捨棄和清掃自己智慧的時候，就會豁然開朗，生命會立刻向自己展現另一個截然不同的景致。

面對紛繁複雜的世界，懂得放棄的人，會用樂觀和豁達的心態去對待沒有得到的東西，每天都有快樂和愉悅的心情伴隨左右。不懂得放棄的人，只會焦頭爛額地亂衝，不僅最終無法達到目標，而且還會陷於得失的苦惱中。

也許放棄在當時是痛苦的，甚至是無奈的選擇，但是幾年以後，我們回首那段往事的時候，會為當時正確的選擇感到自豪，感到無愧於社會、無愧於人生。也許正是當年的放棄，才可以到達今天的光輝極頂和成功彼岸。

電影《臥虎藏龍》裡，有一句經典的台詞：當你緊握雙手，裡面什麼也沒有；當你打開雙手，世界就在你手中。很多時候，我們都應該懂得放棄，生活中魚和熊掌都可以兼得的時候很少，每次放棄是為了下次得到更多的回報。

人生也是如此，有所失才會有所得。左右為難的情形會經常出現：面對兩份同具誘惑力的工作，兩個同具誘惑力的追求者。為了得到「一半」，必須放棄另外「一半」。如果過多地權衡，患得患失，最後將會兩手空空，一無所得。我們不必為此感到悲傷，可以抓住人生「一半」的美好，已經是很不容易的事情。

放棄是一種智慧，是一種豪氣，是更深層面的進取。有時候，我們之所以舉步維艱，是因為背負太重；之所以背負太重，是因為不會放棄。**詩人泰戈爾說：「鳥翼繫上黃金的時候，就飛不遠了。」**學會放棄，才可以卸下人生的許多包袱，輕裝上陣，迎接生活的轉機，度過風風雨雨；懂得放棄，才會擁有一份成熟，才會更充實、坦然、輕鬆。

量「力」而為，量「需」而為

有一篇文章，講述作者對螞蟻的觀察：

一隻螞蟻拖著好不容易找來的食物，在充滿障礙的路上艱難地移動。我蹲下來，仔細地看著這個小小的生命。牠用盡全身力氣，想要將那塊對牠來說很大的食物帶回家——那是半粒大米。

我突發奇想，如果給牠一個更好的，牠會怎麼辦？

我將手中沒有吃完的半塊餅乾輕輕地掰了一點，放在牠的去路上，那塊餅乾有那半個米粒的十倍大小。

那隻螞蟻轉了一個方向，沒有走我給牠預定的那條路，而是更賣力地拖著那半個米粒，似乎急於回家，想要把這個輝煌成績向眾人炫耀。我挪動一下那塊餅乾，擋在牠的路上。

牠終於發現那個「更好」的東西，放下正在拖動的米粒，圍著那塊餅乾打轉，兩隻觸角在上面敲來敲去，然後試著想要拖動它。

對牠來說，那實在是太重了，牠根本拖不動！試了好幾次都沒有成功，牠又圍著餅乾轉了兩圈，然後在那裡發呆，似乎在考慮怎麼做才可以移動它。我很有興趣地看著牠，想要知道牠會怎樣決定。

牠放棄了，找到剛才那半個米粒，繼續牠的工作。我拾了一根樹枝，撥動牠一下，牠頓時驚慌失措，放下米粒，快速地跑開，過了一會兒，又回來找到那個米粒繼續拖動。我又撥動牠一下，牠又跑開，再回來，如此往復好幾次。

我被牠堅持不懈的精神打動，看著牠把那半個米粒一步一步地拖回家。

過了一會兒，螞蟻洞裡開出大隊人馬，浩浩蕩蕩地來到餅乾前面，你拖我抬，很快就把那塊餅乾弄回洞裡。

如果把螞蟻的一生比作人們的一生，做人也應該如此，認識自己，量力而為，看準目標就去努力爭取。如果有些事情是你力所不能的，去求助你的朋友吧！

我們也應該像螞蟻一樣，在制定自我目標的時候，不妨開低走高，先打算做到六十分。雖然追求完美是每個人的渴望，最重要的還是量力而為，否則會使自己背負更多無形的壓力。

量力而為，因人而異。如果是稱心的職位，請珍惜工作；如果需要調節自己，請珍惜淡泊的心態。找一個最適合自己的生存方式，才是最重要的。

量力而為不是一件難事，只要我們對自己的能力有一個正確的估計，就可以做到。對於我們來說，更難做到的是量「需」而為。

經濟學上說，對於人類無窮的欲望來說，資源永遠是稀少的。但是我們不妨想一下，我們真正需要的東西是什麼，即使把一座金山給你，你可以享用的只是九牛一毛而已。只要想開了，凡事我們都不需要過分地追求，只要得到自己真正需要的就可以，多餘的部分對於我們來說，得到和失去的差別不大。

有一個人在河邊釣魚，他釣了非常多的魚，但是每釣上一條魚就拿尺量一量。只要比尺大的魚，他都會丟回河裡。

旁觀的人見了，不解地問：「別人都希望釣到大魚，你為什麼將大魚都丟回河裡？」

這個人不慌不忙地說：「因為我家的鍋子只有尺這麼寬，太大的魚裝不下。」

不要讓無窮的欲念攫取己心，「夠用就好」也是不錯的生活態度。

人們在自助餐廳毫無忌憚地吞食，真是一個可怕的景象。取自己夠用的，不必貪求，也是一個重要的修煉。

人生中，得與失經常發生在一瞬間。到底要得到什麼？到底會失去什麼？見仁見智。隨著年齡的增長和閱歷的充實，我們應該隨時調整自己，應該得的，不要錯過；應該失的，灑脫地放棄。都得，一定會讓別人為你而放棄；都失，太對不起自己。

人類的天性是習慣於得到，但是從人生的歷程來看，失去反而比得到更為本質。

我們遲早有一天會失去人生最寶貴的贈禮——生命，隨之也會失去人生過程中得到的一切。

佛教把布施列為「六度」之首，教導人們以一顆平常心對待失去。

過去的就讓它過去吧，失去的就不要再懊悔，我們只做自己可以做到的，只去追求自己真正需要的。這樣一來，心境就會平和釋然！

什麼都想要的人會很痛苦

一隻瘦狐狸從籬笆上的小洞鑽進葡萄園。牠大吃三天，吃光葡萄園裡的葡萄，身體也變得臃腫不堪，已經無法從小洞鑽出去。聰明的狐狸餓了三天，才從小洞突圍而出。

捨，就是得；不捨，哪有得。放下，就得自在。放下功名利祿，放下恩怨情仇，放下所有要放下的東西。

托爾斯泰在小說《一個人需要多少土地》中，講述一個故事：對土地貪得無厭的帕霍姆，最終在用腳丈量土地的貪婪中吐血而死。他的僕人發現，「帕霍姆最後需要的土地，只有從頭到腳六英尺那麼一小塊」。

攀登雪山的運動員都遵循這樣的原則：在攀登過程中，需要不斷地扔掉自己在登山之前認真準備的裝備，直到扔無可扔。在險要處，教練還會告訴運動員，連呼吸都要控制，稍微粗重的呼吸都可能引發一場雪崩。世界上的許多事物，無論費多大的心機，花多大的力氣，即使可以擁有，也只是暫時的。

瞭解生命和世事的無常，就會捨得；可以捨得，才不會被物欲所驅使，才可以看清生命的本質，拋開功名利祿，找到生命快樂的泉源。

放下，是美好生活必需的狀態。放下心中的仇恨，放下人與人之間的摩擦，放下對功名利祿的刻意追求，才可以給生命留一片綠蔭，給心靈種一棵忘憂草。

冤冤相報何時了。一個人的內心被仇恨充盈，快樂就會離他遠去。暫且不說，仇恨會像氣球一樣，越吹越大，擋住人生的成功之路；即使是大仇得報，也必定是兩敗俱傷，身心疲憊。**送人玫瑰，手有餘香。我們抓起泥巴扔向對方的時候，首先弄髒的卻是自己的手。**

只有放下瑣事的煩擾，才可以經常保持心靈的快樂。不必把人與人之間的瑣事當成是非，更不必把別人無心傷害自己的話語，堆積成心裡的毒瘤。

人生的所謂得與失，在很多時候沒有任何實際的意義，但是失意的壞心情，卻可以使人喪失對生活的感受和看法。這種因為心情引起的得與失，比起物質上的得與失，更加致命。

人生在世，我們經常付不起的，正是生活中某類事件對我們心態所形成的那種漫長改變甚至毀滅。豁達而樂觀的心態，才是最昂貴和最重要的。

一個人的快樂，不是在於得到的多，而是在於計較的少。多是負擔，是另一種失去；少非不足，是另一種有餘。捨棄不一定是失去，而是另一種更寬廣的擁有。

捨得是春風，放下是秋雨。有春風秋雨的澆灌，我們的心靈就可以長出參天大樹，就可以不被外在的事物所迷惑，就可以堅守生命中最寶貴的尊嚴和信仰，就可以擁有寧靜而閒適的人生。

魚與熊掌不可兼得，捨魚取熊掌

在物欲橫流和燈紅酒綠的今天，擺在每個人面前的誘惑實在是太多了。有時候太貪婪，反而毀掉已經擁有的大好前程；有時候，已經知道是別人設下的陷阱，卻因為經不起誘惑而陷入其中。

其實，如果我們可以保持清醒的頭腦，可以放棄眼前的私利，就可以認清潛在的危險。如果抓住想要的東西不放，就會給自己帶來無盡的痛苦，甚至走向死亡。所以，在現實生活中，需要有一種放棄的清醒。

從前，有一個人得到一張藏寶圖，上面標明尋寶的路線。看到藏寶圖，他心動了，立刻準備出行要用的東西，還特地拿幾個袋子，打算用它們來裝寶物。一切準備就緒以後，他就上路了。在路上，他斬斷荊棘，蹚過大河，衝過沼澤地。最後，終於找到第一個寶藏，寶藏裡堆滿閃亮亮的金子。他急忙掏出一個袋子，把所有的金子裝進去。離開這個寶藏的時候，他看到寶藏的門上有一行字：「知足常樂，適可而止。」

他笑了笑，心想：誰願意丟下這些金子？如果有人丟下了，這個人肯定是一個傻子。於是，他沒有留下一塊金子，而是扛著裝有金子的袋子往第二個寶藏走去。又是一堆金子出現在他的眼前，他高興極了，甚至有些興奮，像上次一樣，他把所有的金子又放進一個袋子。他出來的時候，又看見門上寫著一行字：「放棄下一個屋子中的寶物，你會得到更寶貴的東西。」

他沒有理會門上的忠告，繼續往第三個寶藏走去。第三個寶藏裡堆滿鑽石，他發紅的眼睛中泛著亮光，貪婪的雙手抓起鑽石，就往袋子裡放。

突然他發現，在鑽石的下面有一扇小門。他心想：下面一定有更多更好的東西。於是，他毫不遲疑地打開門，跳了下去。誰知，等著他的不是金銀財寶，而是一片流沙。他在流沙中不停地掙扎，可是越掙扎陷得越深。最終，他與所有的金子和鑽石一起埋在流沙下面。

有些人為了得到某些東西，不惜費盡心機去爭取，有時候甚至會不擇手段。可是在他們追逐的過程中，可能會失去許多無法計算的東西，得到的東西也無法彌補他們付出的沉重代價。這一點，也許直到最後才會被他們發現。

如果這個尋寶的人可以在看到第一個忠告以後就停手，如果在跳下去之前想一想，就可以平安地返回，成為一個真正的富翁。**放棄，從某種意義上說，是給自己一個生存的空間，是給自己一條成功的道路。**

真正的強者應該學會放棄，放棄才有可能重新再來，才有機會獲得成功。這樣的放棄，是要開始進取，是要有所獲得。如果可以拿得起卻放不下，就無法讓自己生活得更好，甚至喪失生命。荒漠中行進的人最明白這一點，如果不扔掉過重的行囊，就無法減輕負擔，就無法保存體力，就無法走出困境。所以要求生，就要做到應該扔的就扔，那種生存都不能保證的堅持是沒有意義的。

有兩個漁夫在海底找到兩袋金條，在返航的途中，他們的船遭到颱風的襲擊，被海浪打翻。

沒有辦法，他們只好一人拖著一袋金條往岸上游。其中一個漁夫為了保存自己的體力，放棄屬於自己的那袋金條。沒有袋子的累贅，他立刻感到輕鬆多了。被放手的那袋金條，也慢慢地沉入海底。

另一個漁夫看見以後，急忙潛到水裡，費了好大的勁，才把那袋金條拽起來。他拖著兩個沉重的袋子，吃力地游著。終於，他耗盡自己的體力，隨著自己的金條沉到海底。最後放棄金條的漁夫，安全地游上岸，回到家。他看到妻子和兒子的時候，覺得自己的選擇是對的。在失去一袋有價財富的同時，他賺回一筆無價的財富——親情。

我們的一生，需要放棄的東西太多了。俗話說：「魚和熊掌不可兼得。」如果不是我們應該擁有的，我們就要學會放棄。有所得就必然有所失，只有學會放棄，才可以擁有更多，才可以活得充實。

喜歡一樣東西，不一定要得到它。有時候，為了強求一樣東西而讓自己身心疲憊不堪，是很不划算的。如果我們付出以後，最後卻發現自己失去的東西比得到的東西更珍貴，一定會懊惱不已。所以，我們喜歡一樣東西的時候，如果條件不允許，就不要太執著，放棄它，是我們最明智的選擇。

從前有一個獵人，為了抓住猴子，就在一個瓶子裡放了猴子喜歡吃的花生，然後把這個瓶子放到猴子經常活動的地方。後來，猴子發現瓶子裡的花生，就伸手去拿。結果抓了花生，握成拳頭的手卻無法抽出來，但是猴子也不願意空手出來。就在這個時候，獵人出現了。猴子嚇得拔腿就跑，但是套在手上的瓶子影響猴子的速度，結果被獵人抓住。其實，猴子只要鬆手，就可以放下瓶子，但是牠的貪性卻讓牠不肯放手。結果為了一把花生，而被獵人抓住。

很多人都會與猴子一樣，犯同樣的錯誤：太看重眼前的利益，在應該放棄的時候卻不能放棄，結果鑄成大錯，悔恨終生。人們的一生也是如此，有些人一生忙碌，什麼都想要，可是最後卻什麼都沒有得到。

做人有時候要學會放棄。**放棄不是退縮，也不表示失敗。其實，放棄是另一種形式的選擇！**白雲放棄藍天，化作雨水灑落大地是為了哺育生靈；落葉放棄大樹，融入泥土是為了滋養萬物。

放棄是為了獲得！放棄城市，是為了獲得寧靜；放棄黃昏，是為了獲得黎明；放棄小利，是為了獲得一身正氣。

HRRRR

第9章

淡定從容，以知足的方式過生活

Don't be too hard on yourself.

知足之心，是一種寬敞的心胸。人生路上，要學會知足常樂，順其自然，不要苛求，才會獲得幸福的垂青。總是不滿足，就會有痛苦，世界是相對的，滿足也是相對的，要知道何時滿足，這才是關鍵。

知足才可以常樂

羅馬哲學家塞內卡有一句名言：「人類最大的財富，就是在於無欲。如果你無法對現有的一切感到滿足，即使讓你擁有全世界，你也不會幸福。」

生活中，有些人總是羨慕別人的生活，羨慕別人美麗的容顏，羨慕別人巨大的財富……其實，是他們忽略自己擁有的一切，安定的工作、和睦的家庭、健康的身體、知心的朋友，這些也是別人夢寐以求的。所以，不要讓這種美好的生活從身邊悄然溜走，請珍惜已經擁有的快樂和幸福，學會做一個知足的人。

有一個天使，送信的時候在人間睡著了。醒來以後，她發現翅膀被偷走。沒有翅膀的天使，能力比普通人還要小。她又冷又餓，來到一個牧羊人家門口。

天使對牧羊人講述自己的遭遇，牧羊人很同情天使，就讓天使吃飽飯，還給她穿上暖和的衣服。

牧羊人說：「你即使不是天使，我也會給你一頓飯。但是，你如果還想要吃下頓飯，就要自己出力。」

天使開始跟著牧羊人學習牧羊。

天使每天收集梳理一些落下的羊毛，日積月累，她為自己織了一對羊毛的翅膀，在牧羊人目瞪口呆的注視下飛走了。

過了幾天，天使來答謝牧羊人，問他要什麼。

牧羊人說：「讓我增加一百隻羊吧！」

羊群增加一百隻，牧羊人比過去更累了。他找到天使，請她把羊變回去，為自己蓋一間房子。牧羊人在房子裡住著，發現到處是灰塵，無法打掃完，於是用房子換了一匹馬。牧羊人騎在馬背上，但是不知道要到什麼地方，就把馬還給天使。

天使問：「你還要什麼？」

牧羊人回答：「什麼也不要。」

天使說：「人們都有很多理想，你難道沒有嗎？」

牧羊人回答：「願望實現之後，我才知道自己不需要這些東西，它們成為我的累贅。」

天使說：「我送你一件無價之寶，那就是性格。你想要有什麼樣的性格？」

牧羊人說：「我已經有這樣的性格，那就是——知足。」

讀完這個故事，你是不是也一樣明白，知足是一件無價之寶？可是我們往往不把這件寶物當作寶物，很多時候我們總是對它不屑一顧，結果我們總是被無休止的願望纏繞，搞得身名俱滅。

知足者常樂。**所謂知足，是一種平和的境界；所謂常樂，是一種豁達的態度**，是指這個人懂得取捨，也懂得放棄，更懂得適可而止，而不是說這個人安於現狀，沒有追求，沒有目標。

人們追求的名利都是過眼雲煙和生不帶來死不帶去的東西，不應該把它們看得太重。世界上沒有十全十美的事物，知足可以讓自己活得更輕鬆，知足可以給別人減少很多麻煩……

知足常樂並非阿Q精神，而是一種自我解脫，是調整情緒而取得心理平衡的安慰良藥。擁有它，就會變得豁達開朗和心胸寬闊，快樂也會常伴自己左右。

有一首歌寫得好：在世上有多少歡笑，能使你快樂永久？試問，誰能支配將來，永遠不必擔憂？名和利哪天才足夠，能使你滿足永久？試問，就算擁有一切，誰能守住眼前的所有？

享受生活、知足是真，因為心靈滿足才是真正富有的人！

所以——

如果你早上醒來，發現自己還可以自由呼吸，就比在這個星期離開人世的一百萬人更有福氣。

如果你從未經歷戰爭的危險、被囚禁的孤單、忍受折磨的痛苦、忍饑挨餓的難受，已經比世界上五億人更好過。

如果你的冰箱裡有食物，身上有足夠的衣服，有房子棲身，已經比世界上七〇%的人更富足。

如果你的銀行帳戶有存款，口袋裡有現金，已經身居世界上最富有的八〇%的人之列。

如果你的雙親仍然在世，沒有分居或離婚，已經屬於稀少的一群。

如果你可以抬起頭，帶著微笑，內心充滿感恩，就是真的幸福——因為世界上大多數的人原本可以這麼做，但是他們沒有。

如果你可以握著一個人的手，並且擁抱他，或是在他的肩膀上拍一下……你確實有福氣，因為你所做的已經等同於上帝才可以做到的。

知足者常樂。困境中，知道尋求比上不足比下有餘的平衡，進而滿足自己的現狀；珍惜自己的擁有，遠離欲望的煩惱；品味人生的快樂，保持精神愉快和情緒安定，樂而忘憂。做到這些，你就是一個幸福的人。

人生待足何時足？

有一位作家和朋友聊天，朋友說正在為這段時間總是做噩夢而痛苦。這位作家問及所夢內容，幾乎都是夢見為一些私利而與別人糾纏不休，甚至大打出手，好生苦惱。這位作家立刻裝作行家，為之解夢，勸他放下手中的生意，到處走走，躲避「小人」，就可以不再做噩夢。

這位作家認為：朋友心中有事，自然不得清閒，即使在睡夢中也是一樣。醒來的時候，更是驅趕此身，做無盡的追求。當時沒有與朋友直言，其實真正的「小人」是自己，是自己整天總是想著為了蠅頭小利去與人糾纏，所以夢裡才會不得安寧。

如果每天為名利所累，萬事擾心，不得安寧，即使物質生活上錦衣玉食，但是精神壓力無法排解，也只能悉苦萬端。

天下熙熙，皆為利來；天下攘攘，皆為利往。利是社會發展最有效的潤滑劑，但是不可過於看重名利，過於為名利奔波不休。隨著商品經濟的發展，每個人都生活在講究效益的環境裡，完全不言名利是不可能的，但是應該正確對待名利，最好是「君子言利，取之有道；君子求名，名正言順」。

當然，最好的方法還是淡泊名利。因為名字下面一張嘴，要是出名，就會招來嫉妒，受人白眼，遭到排擠，甚至有可能由此而種下禍根。正如古語所說：「木秀於林，風必摧之；堆出於岸，流必湍之；行高於人，眾必非之。」**利字旁邊一把刀，既會傷害自己，也可能傷害別人，小利既傷和氣又礙大利**。如果認為個人利益就是一切，就會喪失生命中所有寶貴的東西。

人生待足何時足？名利是無止境的，只有適可而止，才可以知足常樂。其實，心是人類的主宰，名利皆由心而起，心中名利之欲無休止地膨脹，人們就不會有知足的時候。欲望就像與人同行，見到別人背負眾多名利走在前面，就不肯停歇，想要背負更多名利走在更前面，結果最後在路的盡頭累倒。知足者可以看透名利的本質，心中可以拿得起放得下，心境自然寬闊。

一個人如果養成看淡名利的人生態度，面對生活更容易找到樂觀的一面。但是許多人口口聲聲說將名利看得很淡，甚至做出厭惡名利的姿態，實際上是內心無法擺脫名利的誘惑而做出自欺欺人的姿態，未忘名利之心，所以才會經常掛在嘴邊。好作討厭名利之論的人，內心不會放下清高之名，這種人雖然比在名利場中追逐的人高明，卻未能盡忘名利。這些心口不一的人，實際上內心充滿矛盾，但是名利本身並無過錯，錯在人為名利而產生紛爭，錯在人為名利而忘卻生命的本質，錯在人為名利而傷情害義。如果可以做到心中怎麼想，口中怎麼說，心口如一，完全對名利不動心，就可以不受名利的影響。不僅自己活得輕鬆，與別人交往也會很輕鬆。

林語堂曾經告訴我們，滿足的秘訣在於知道如何享受自己所有的，並且可以驅除自己能力之外的物欲。所以從現在開始，審視自己不知足的人生吧！

可以知足，才可以知不足

在許多時候，我們不知道滿足，甚至為了「了卻君王天下事」，對生前身後的功名也期待頗多。對於前世，我們會埋怨父母沒有把我們生養在富貴之家；對於後世，總是抱怨子孫們不能個個如龍似鳳，但是我們更多的不滿足還是來自於自身。

我們為什麼會這樣不知足？這其實是欲望的驅使，是幻想的衝動，是不切合實際的索取。如果我們把不知足歸結為人類後天的變異，這樣有失公允。**其實，不知足是一種最原始的心理需求，知足是一種理性思考以後的達觀與開脫。**

托爾斯泰說：「俄國人對於自己的財產從來不滿足，但是對於自己的智慧卻相當自信。」這就說明知足的雙重性。**人們對於物欲的追求總會優越於精神的追求，在精神上的知足往往不能滿足物質的需求，這與人類的第一需要——溫飽有關。**

老子說：「有所為，才可以有所不為。」換句話說，可以知足，才可以知不足。例如：在物質匱乏的年代，我們會滿足於一日三餐的粗茶淡飯，但是我們深知，自己對於飲食的需求不止這些，只要條件許可，我們就會要酒要肉，吃完以後還想要跳舞。

知足與不知足是一個量化的過程，我們不會把知足停留在某個程度上，也不會把不知足固定在某個需要上。不同的年代，不同的環境，不同的階層，不同的年齡，不同的生活經歷，知足與不知足總會相互轉化。窮苦的年輕人還是不要知足比較好，只有這樣，生活才會改觀；一夜暴富的有錢人，對於知識的追求更多一些，也許可以提升生活品質。但是知足的農民從來不會強迫自己當總統，安分守己的教師會把按時領到薪水作為對自己最大的慰藉。

知足使人平靜、安詳、達觀、超脫，不知足使人騷動、搏擊、進取、奮鬥；知足智在知不可行而不行，不知足慧在可行而必行之。如果知不行而勉為其難，勢必勞而無功；如果知可行而不行，就是墮落和懈怠，兩者之間是一個「度」的問題。度是分寸，是智慧，更是水準，只有在溫度適合的條件下，樹木才會發芽，不至於因為火候控制不好而把鋼材煉成生鐵。《漁夫和金魚的故事》中的那個老太婆的最大失敗，就是沒有妥善把握知足這個「度」。

在知足與不知足之間，我們更多地傾向於知足，因為它會讓我們心地坦然。無所取，無所需，就不會有太多的思想負荷。在知足的心態下，一切都會變得合理而正常，我們還會有什麼不切合實際的欲望和要求？

不要有非分之想

每個人都有需求與欲望，但是要與自己的能力和社會條件相符合。每個人的生活都有歡樂，也有缺失，但是不能比較，俗話說：「人比人，氣死人」「尺有所短，寸有所長」。我們應該學會盡量滿足自己的需求，盡可能地抑制無限膨脹的欲望。順從自然的本心，快樂地生活！「知足常樂」不應該只是說說……**心理調適的最好方法就是做到知足常樂，「知足」就不會有非分之想，「常樂」就可以保持心理平衡。**

有一戶從農村來城裡工作的人家，男人做的是城裡人不願意做的清潔工，每天的工作就是運垃圾到固定地點；女人剛來的時候懷有身孕，生孩子以後，就出去替人擦皮鞋。他們租住的房子，是一戶人家在圍牆旁邊搭蓋的廚房，房子很小，裡面只能放下一張雙人床。他們的家具都是別人丟棄的，根本無法放進房子裡，只能放在屋外。就連吃飯的桌子也沒有，他們只能在屋外吃飯，有時候將菜碗放在板凳上，有時候把炒菜的鍋子當作菜碗用。

他們是城市裡的邊緣人，可是他們沒有任何愁苦的感覺。他們住的地方是學校宿舍的大門口，經常人來人往，男人每天哼著小曲，忙進忙出，跟來來往往的人們打招呼聊天，而且有求必應，特別的熱心，也特別的快樂。他們覺得自己的需求已經得到滿足，所以他們很知足。

這對夫妻的物質財富與那些腰纏萬貫的人比起來可謂是少之又少，可是他們的快樂卻比那些人多出許多，這是為什麼？

其實，人們的實際需求是很低的，遠遠低於人們的欲望。我們的房子再多再大，只能在一間屋子裡，一張床上睡覺；把世界上所有的山珍海味都擺在桌子上，我們只能吃下胃那麼大小的東西；我們的衣櫃裡掛滿各式各樣的名牌服裝，只能穿一套在身上；我們的鞋子有很多雙，只能穿一雙在腳上；我們的汽車有很多輛，只能開著一輛在街上跑……

可是，人們追求物質享受的那種無窮盡的欲望，有時候卻使人們的財富變成一種累贅。買了大房子還想要買更大的房子，屋子裝修一遍又一遍，車子換了一輛又一輛，家具換了一套又一套，家用電器更新一代又一代……不是因為什麼，只是因為有錢，只是希望那些身外之物看起來更氣派、更豪華、更先進。

每個人都有選擇自己生活方式的權利，這本來無可厚非。但是如果讓無限膨脹追求財富的欲望，影響我們的健康、我們的愛情、我們的婚姻、我們的家庭、我們的快樂，讓我們每天為此疲於奔命，寢食難安，帶給我們無限的煩惱，更有甚者，這種欲望變成一種無法滿足的貪欲，並且使某些人走上犯罪的道路，不僅毀掉自己的一生，甚至還會賠上性命，這種生活方式對我們來說，非常不值得！

「一念之欲不能制，而禍流於滔天。」這是源於《讀書錄》的經典語句。世界其實很簡單，錢本無善惡，錢可以買到房子，但是無法買到家；錢可以買到藥品，但是無法買到健康；錢可以買到床，但是無法買到休息——錢不是萬能的。

人生必不可少的東西，其實是很少的。清楚認識這一點，就可以活得從容一些，不必那麼忙碌，不必那麼心浮氣躁。因為不管社會如何發達，物價如何上漲，只要具備一顆平常心，只追求一種平常生活，做到一生衣食無憂，就是一件很簡單的事情。我們還可以騰出時間和精力，爭取一些追求和享受。

不要有比較心理

在一家公司擔任經理的老王，因為自己沒有被調薪而耿耿於懷，終日喋喋不休，有時候甚至破口大罵，已經到了精神失常的狀態。朋友勸他想開一些，他根本聽不進去，不久之後罹患絕症去世。細想起來，實在不值得。如果提早自我調節，看到別人事業有成的時候，自己從中看到努力的方向，腳踏實地，認真工作，也許下次調薪的就是自己。總之，如果可以及時調整心態，結局就不會如此。

所以，人比人是不是氣死人，就看我們怎麼比，看我們能否調整自己的心態。

事實上，人外有人，天外有天，我們不可能在任何方面都比別人強。太要強的人，不斷和比自己強的人相比，結果由於心靈的弦繃得太緊，損耗精神，很難有作為。**雨果在《悲慘世界》**

中說：「全人類的充沛精力要是集中在一個人的頭顱裡，這種狀況如果延續下去，就是文明的末日。」俗話說：「聞道有先後，術業有專攻。」每個人都有自己的長處，也有自己的短處，只要在自己從事的專業領域中有所成就，就算是不虛此生。千萬不要因為看到別人的長處就失去心理平衡。每個人把自己應該做的做好是最重要的，最好不要與別人比較。每個人在這個世界上都有獨一無二的價值，就像人們的手指，有大有小，有長有短，各有各的用處，各有各的美麗，我們可以說大拇指比小拇指更好嗎？

不斷和別人比較，是一件不聰明的事情，因為即使勝過別人，又會有「槍打出頭鳥，出頭的椽子先爛」的危險。**古人云：「步步佔先者，必有人以擠之；事事爭勝者，必有人以挫之。」**生活中也確實是這樣，如果一個人太突出，在各個方面勝過別人，容易遭到別人的嫉妒和攻擊；與世無爭者反而不會樹敵，容易被人同情，所以說「人勝我無害，我勝人非福」。

其實，最好的處世哲學還是不要與別人比較，做好自己的事情。每個人都有自己的生活方式，有自己存在的價值和理由，為什麼要和別人比較？如果心裡難受，實在要比較，不如把自己當作競爭對手，和自己的昨天比較。這樣一來，既不會沾惹是非恩怨，自己也可以更上一層樓，豈非自求多福？

不要和別人比較，他們有他們的生活，我們有我們的目標。幸福的形式是多樣的，鞋子是否合腳，只有穿鞋的人知道，別人毫不知情。同樣的道理，我們無法感受別人的痛苦，我們看到的別人所謂的幸福，很可能只是一種假象：一個住別墅的商人可能已經欠債百萬，一個開賓士跑車的企業家可能已經瀕臨破產，一對走進飯店的夫妻可能已經協議離婚……所以，不要把自己的幸福「定位」在別人身上，實在地過自己的日子吧！

給心靈寧靜的天空

西方有一位哲人在總結自己一生的時候，曾經這樣說：「在我七十五年的生命中，我沒有四個星期真正的安寧。這一生，只是一塊必須經常推上去又不斷滾下來的崖石。」所以，追求寧靜對許多人來說，成為一個夢想。由此看來，寧靜不是每個人都可以享受的。

在現實生活中，也不乏害怕寧靜而藉由熱鬧來逃避寧靜以麻痺自己的人。如今，已經很少有人可以固守一方，獨享一份寧靜，更多人的腳步匆匆，奔向人聲鼎沸的地方。殊不知，熱鬧之後卻更加寂寞。我們如果可以在熱鬧中獨飲那杯寂寞的清茶，也不失為人生的另類選擇。

寧靜是一種難得的感覺，只有在擁有寧靜的時候，我們才可以靜下心來，梳理自己煩亂的思緒；只有在擁有寧靜的時候，我們才可以讓自己成熟。

老街上有一個鐵匠鋪，鋪子裡住著一位老鐵匠。由於沒有人再需要打鐵製的器具，現在他改賣鐵鍋和斧頭，以及拴小狗的鏈子。他的經營方式非常古老和傳統，人坐在門內，貨物擺在門外，不吆喝，不喊價，晚上也不收攤。無論什麼時候從這裡經過，人們都會看到他躺在竹椅上，身旁放著一把紫砂壺。

老鐵匠的生意也沒有好壞之分，每天的收入足夠他喝茶和吃飯。他老了，已經不再需要多餘的東西，因此他非常滿足。

一天，一個文物商人從老街經過，偶然看到老鐵匠身旁的那把紫砂壺。因為那把壺古樸雅致、紫黑如墨，有清代製壺名家戴振公的風格。於是，他走過去拿起那把壺，看見壺上有一記印章，果然是戴振公的！商人驚喜不已。

商人想要以十萬元的價格買下來，他說出這個數字的時候，老鐵匠先是一驚，然後立刻拒絕。因為這把壺是他爺爺留下來的，他們祖孫三代打鐵的時候，都是喝這把壺裡的水，他們的汗也是來自這把壺。

商人走後，老鐵匠有生以來第一次失眠。他用了這把壺六十年，並且以為它是一把普通的壺。現在竟然有人要以十萬元的價格買下它，他百思不得其解。

過去，他躺在椅子上喝茶，都是閉著眼睛把茶壺放在桌子上。現在，他都要坐起來再看一眼，讓他非常不舒服。特別讓他無法忍受的是，人們知道他有一把價值不菲的茶壺以後，有些人問他還有沒有其他的寶貝，有些人甚至開始向他借錢，更有甚者，晚上推他的門。

他的生活被徹底打亂。

老鐵匠再也坐不住了。他招來左右店鋪的人和前後鄰居，拿起一把斧頭，當眾把那把紫砂壺砸個粉碎。

現在，老鐵匠還在賣鐵鍋和斧頭，以及拴小狗的鏈子。

老鐵匠憤怒地砸爛茶壺，只想得到一片屬於自己的寧靜。

寧靜是一種感受，是一種難得的感覺，是心靈的避難所，它給我們足夠的時間去舔舐傷口，重新以明朗的笑容面對人生。

懂得寧靜，就可以從容地面對陽光，將自己化作一盞清茗，在輕啜中逐漸明白，不是所有的生長都會成熟，不是所有的歡歌都是幸福，不是所有的故事都是真實。有時候，平淡是穿越燦爛而抵達美麗的一種高度和境界。寧靜來臨的時候，輕輕闔上門窗，隔去外面喧囂的世界，默默獨坐在燈下，平靜地等待身體與心靈的一致，讓自己從悲喜交集中淨化思想。這樣一來，曾經被驅遠的寧靜會重新得到回歸。我們安靜地用自己的理解去解讀世間風起雲湧的變化，思考人生歷程中的痛苦和歡悅。我們真正領略人生的豐富與美好，以及生命的宏偉和廣闊，讓身心平直地站立在生活的急流中，不因為貪圖而傾斜，不因為喜樂而忘形，不因為危難而逃避，我們就可以讀懂寧靜和理解寧靜。於是，寧靜不再是寧靜，而是成為一首詩，成為一道風景，成為一曲美妙的音樂，成為享受。

這是寧靜的淨化，它讓人感動，讓人真實又美麗。

寧靜是一種心境，氤氳出一種清幽與秀逸，冉冉上升的思緒逃離城市的喧囂，營造出一種形勝獨標的自得和孤高，去獲得心靈的愉悅，獲得理性的沉思，與潛藏靈魂深層的思想交流，找到某種攀升的信念。

知足是一種境界

只要談起知足，人們總是以為那是人類的情性流露，其實不然。**知足是一種成功處世的藝術，源於內在精神境界的充實豐富以及應付人生世事的自如圓熟**。欲望是無止境的，人們總是在追求更新的目標，並且為之奔波忙碌，生活提供給欲望的滿足卻總是有限的。**以人性駕馭理性，就是知足；讓理性控制人性，就是不知足**。足與不足在於理，非人力所能勉強；知與不知在於己，不是貧富可以影響的。

足是相對的、暫時的，不足是絕對的、永恆的。如果一個人以「足」為目標不懈追求，得到的結果將會是永遠的不足。如果一個人以「不足」為生活事實予以理解和接納，對生活的感受反而是滿足的。

一個知足的人，也就是滿足於自我的人。知足者可以認識到無止境的欲望其實是痛苦，所以會壓抑一些無法實現的欲望。從表面上看來，這樣似乎很殘忍，但是卻可以減少許多痛苦。在可以實現的欲望之內，拼命地奮鬥，目標實現的時候，快樂就會油然而生，人生的境界也會提升。

歷史上有很多失敗的例子，都是由不知足造成的。由於人們太貪婪，欲望太強，自身的能力又有限，註定貪婪者只有失敗的下場。清朝乾隆年間的和珅就像發瘋了，什麼手段都敢用，窮奢極欲達到極限，結果就是抄家賜死。

幸福是需要比較的，它沒有標準，沒有止境。只是看你對它的認識如何，以及看你對它做怎樣的解釋。知足是上帝賜予的幸福，知足者經常有富裕感。

後記

關於這本書，寫了這麼多，在完稿之際，感慨頗多。因為這本書在當今這個快節奏而壓力無處不在的社會，簡直是一劑良藥。

身邊有一個朋友，就是典型的跟自己過不去的人，工作上沒有成績，她就會著急，隨時繃緊神經，把自己搞得很疲勞。誰家買房子，誰家的孩子學習成績比自己的孩子好……為此，她經常很煩躁，稍微不順心，不是怨天尤人，就是亂發脾氣。

生活中，像我朋友這樣的人還有很多。這一切都歸結為這種人太複雜，想得太多，欲望也太多，其實做人還是要簡單一些。我們因為知道太多，反而束縛自己的手腳。

簡單是一種智慧，是一種經歷複雜之後更上一層樓的徹悟。

簡單是一種美，是一種智者具有的高品味的境界。

簡單絕對不是簡化和原始，而是一種大徹大悟之後的昇華。高僧的生活簡單，因為他們已經參透人生的真諦，看清世界的實質，他們的思想達到更高的境界。齊白石畫蝦，寥寥幾筆，就把蝦畫得活靈活現，栩栩如生，那是因為他的藝術修為和畫技更高。普通人如果不下功夫去練習，也學他那幾筆，畫出來的東西可能他自己也認不出。

某人請一位畫家為自己畫一幅馬，畫家答應十年以後給他。十年後，那個人來取畫。畫家把他領到畫室，展開畫紙，揮動畫筆，很快就畫好一幅馬。

來人非常不解，而且不滿地質問畫家：「既然你可以很快就畫好，為什麼讓我等了十年？」

畫家沒有立刻回答他，而是把他帶到另一個房間，裡面堆滿畫家練畫的時候用過的畫紙，只見地上堆滿馬的圖畫。畫家語重心長地對來人說：「我花費十年的時間，才做到這麼短時間畫好一幅馬的畫。」

簡單是一種境界，只有經過一番苦練才可以達到。簡單做人也是一種境界，一種比複雜的人生更高的境界。名利、地位、金錢、事業有成、出人頭地、飛黃騰達，是一種人生，但是未免過於複雜，行動未免受到太多的牽制，做什麼事情都要三思而後行，一項沒有想到就會出錯。

簡單做人，不依附權勢，不貪求名利，無怨無爭，也是一種人生。這種人生為自己而活，不必看別人的臉色行事，想笑就笑，想哭就哭，快樂自在。雖然沒有人送禮，沒有人吹捧，但是也沒有人惦記，出門不用小心壞人，工作不用提防小人，生活反而更輕鬆，這種人生更精彩。

心學堂 01

你的演技不錯，尤其是假裝快樂

作者　練出馬甲線的阿潔
美術構成　騾賴耙工作室
封面設計　斐類設計工作室
發行人　羅清維
企劃執行　張緯倫、林義傑
責任行政　陳淑貞

企劃出版　海鷹文化
出版登記　行政院新聞局局版北市業字第780號
發行部　台北市信義區林口街54-4號1樓
電話　02-2727-3008
傳真　02-2727-0603
E-mail　seadove.book@msa.hinet.net

總經銷　知遠文化事業有限公司
地址　新北市深坑區北深路三段155巷25號5樓
電話　02-2664-8800
傳真　02-2664-8801
網址　www.booknews.com.tw

香港總經銷　和平圖書有限公司
地址　香港柴灣嘉業街12號百樂門大廈17樓
電話　（852）2804-6687
傳真　（852）2804-6409

出版日期　2020年03月01日　一版一刷
定價　280元
郵政劃撥　18989626　戶名：海鴿文化出版圖書有限公司

國家圖書館出版品預行編目（CIP）資料

你的演技不錯，尤其是假裝快樂 ／ 練出馬甲線的阿潔作.
-- 一版. -- 臺北市 ： 海鴿文化，2020.03
面 ； 公分. --（心學堂；1）
ISBN 978-986-392-294-0（平裝）

1. 人際關係　2. 生活指導

177.3　　108014997

SeaEagle

SeaEagle